A RAZÃO
DESUMANA

EUGÊNIO BUCCI

A RAZÃO DESUMANA

Cultura e informação
na era da desinformação
inculta (e sedutora)

autêntica

Copyright © 2025 Eugênio Bucci
Copyright desta edição © 2025 Autêntica Editora

Todos os direitos reservados pela Autêntica Editora Ltda. Nenhuma parte desta publicação poderá ser reproduzida, seja por meios mecânicos, eletrônicos, seja via cópia xerográfica, sem a autorização prévia da Editora.

EDITORAS RESPONSÁVEIS
Rejane Dias
Cecília Martins

PREPARAÇÃO
Sonia Junqueira

REVISÃO
Lívia Martins

CAPA
Diogo Droschi

DIAGRAMAÇÃO
Waldênia Alvarenga

Dados Internacionais de Catalogação na Publicação (CIP)
Câmara Brasileira do Livro, SP, Brasil

Bucci, Eugênio
   A razão desumana : cultura e informação na era da desinformação inculta (e sedutora) / Eugênio Bucci. -- 1. ed. -- Belo Horizonte, MG : Autêntica Editora, 2025.

   Bibliografia.
   ISBN 978-65-5928-582-2

   1. Comunicação de massa - Aspectos sociais 2. Comunicação e cultura 3. Democracia 4. Inteligência artificial 5. Violência I. Título.

25-268633   CDD-302.23

Índices para catálogo sistemático:
1. Comunicação e cultura : Sociologia 302.23

Cibele Maria Dias - Bibliotecária - CRB-8/9427

Belo Horizonte
Rua Carlos Turner, 420
Silveira . 31140-520
Belo Horizonte . MG
Tel.: (55 31) 3465 4500

São Paulo
Av. Paulista, 2.073, Conjunto Nacional
Horsa I . Salas 404-406 . Bela Vista
01311-940 . São Paulo . SP
Tel.: (55 11) 3034 4468

www.grupoautentica.com.br
SAC: atendimentoleitor@grupoautentica.com.br

Para Maria Paula.

PREFÁCIO | **Das partes que, juntas, se repelem** 9
   E Deus? E a natureza? 10
   Sensibilidade 11
   A técnica 12
   A técnica além da técnica 15
   Capital 20
   Quanto ao subtítulo 20

CAPÍTULO 1 | **A humanidade encontra sua irrelevância: notas sobre a deserção do espírito** 25
   Backspace 30
   A expulsão do espírito 31
   "A inteligência pronta para trabalhar" 39
   Planeta confinado 41

CAPÍTULO 2 | **As Ciências da Comunicação contra a desinformação** 45
   Primeiro fôlego: o que é informação? 46
   Segundo fôlego: o que é desinformação? 52
   Terceiro fôlego, ou conclusão: a comunicação no centro do capitalismo 65

CAPÍTULO 3 | **A cultura se desgarra da experiência do comum: quatro sintomas e uma teimosia** 71
   O entretenimento fundamentalista 75
   O infantilismo totalizante 81
   A violência ritualística 85
   A máquina como sujeito de linguagem 86
   Teimosia 88

CAPÍTULO 4 | **O jornalismo cercado de entretenimento por todos os lados: o caso George Floyd** 91
   Mas o que fez os protestos eclodirem? 93
   Imaginário e Simbólico 94
   Publicidade e divertimento de um lado, Justiça e jornalismo do outro 96
   Um discurso autônomo 99
   Um crime na Instância da Imagem ao Vivo 101
   Dar a ver sem dar para respirar 103
   No *Jornal Nacional*, a "Mídia Ninja" vira um gênero de cobertura 105
   Conclusão telegráfica 108

CAPÍTULO 5 | **Por uma biblioteca de recolhimento e encontro** 109

CAPÍTULO 6 | **Inteligência artificial, paz e democracia: esse encontro é possível?** 117
   Deixar morrer 118
   Um tratado incerto 120
   Ignorância artificial 121
   As novas bibliotecas secretas 123
   Uma pergunta. Ou duas 126

CAPÍTULO 7 | **O negócio da diversão toma o território da imprensa** 127
   As luzes esmaecidas deságuam no obscurantismo 130
   O circo 132
   Forma social da religião 134
   Conclusão? 137

Referências 139

Índice remissivo 147

Prefácio
Das partes que, juntas, se repelem

O título deste livro provoca uma sensação de instabilidade. As palavras "razão" e "desumana", justapostas, resistem a se acomodar uma ao lado da outra. A primeira parece negar a segunda e vice-versa, como se ambas quisessem se empurrar para longe, premidas por uma força de repulsão que não dá trégua.

Razão desumana? Não, os dois vocábulos não conjuminam. A expressão se machuca por dentro. A faculdade de pensar é o que distingue os humanos das outras formas de vida que habitam o planeta. Pensar, mas pensar de verdade, em altitudes abstratas, intangíveis aos sentidos, onde se erguem portentosas edificações de ideias e signos que parecem ser maiores que o próprio mundo, e talvez sejam, faz de nós uma espécie incomparável. É assim que o ser humano é visto desde a Grécia clássica, e em diversas tradições religiosas ainda mais antigas: nossa potência cerebral e linguística nos diferencia. Em suma, o humano, sujeito de linguagem, seria presumivelmente o único animal apto a desenvolver e refinar o que temos chamado de razão – e esta, por sua vez, teria o condão de civilizar o humano. Logo, se algo é desumano, não pode ter parte com a razão. Ponto.

Tanto é assim que, quando a filosofia fala em seres racionais, só pode estar se referindo a seres que sejam humanos. De outra parte, quando enlouquecem, ou quando se enfurecem e adotam condutas menos civilizadas, os animais racionais rompem com o *cogito*. Quem trata o semelhante com crueldade, ou tem prazer em seviciar uma pessoa subjugada, assume um comportamento perverso, vicioso, obsessivo e incompatível com a qualidade de ser racional. Quem encontra seu gozo na brutalidade, caprichosa ou não, se desumaniza e se irracionaliza. Não há o humano fora da razão, assim como não há razão além ou aquém do humano.

E Deus? E a natureza?

Surge então a pergunta: estando fora do que há de humano, poderia haver uma "razão divina"? Eu diria que não, mas, para efeitos de raciocínio, admitamos que sim. Nesse caso, porém, acabaremos concluindo que mesmo a razão divina é, ela também, humana, o que se explica facilmente. Se é que existe, a "razão divina" só admite esse nome na medida em que se dá a perceber ao pensamento humano. Somente a partir daí ela se torna, se não inteligível, ao menos tematizável: podemos falar dela, mesmo que dela não possamos apreender o todo. Logo, a razão divina só se constitui quando tem lugar no âmbito da razão humana.

Do mesmo modo, vale perguntar: poderia haver uma "razão" da natureza, ou uma "razão" do cosmos? A hipótese não é descartável *in limine*. Ocorre que os "propósitos" das "leis naturais", bem como seus pressupostos, seus fios de sentido e suas finalidades, para que se apresentem a nós como conceitos, devem adquirir existência no plano da cognição e da intelecção humanas. Resulta disso que a "razão da natureza" constitui parte da razão humana. O que nos traz de volta ao começo: a razão é humana, ou não é razão.

Se é assim, e é assim que é, por que "razão" fui escolher um título com a expressão "razão desumana"? Tento responder de imediato.

Sensibilidade

Sinto que há uma lógica incomensuravelmente complexa a reger a realidade que nos toca. Sinto também que essa lógica não carrega em si nem uma gota de humanidade. Temos um problema nesse ponto.

Mas há outro problema, anterior. O problema está no verbo "sentir". De modo mais preciso, o problema está em saber se aquilo que eu sinto, apenas sinto, pode ser tratado como um recurso da razão. Voltemos ao parágrafo anterior. Eu disse que *sinto* uma lógica, não disse que a deduzo. Eu sinto, e não é por acaso que digo que sinto. Na minha assertiva, o verbo "sentir" contém o aviso de que um dado saber me chega mais da sensibilidade, talvez intuitiva, que do intelecto. Em outras palavras, a sensibilidade me faz saber. Como lidar com isso? Se o sentir me conduz ao saber, seria o sentir uma extensão, um fundamento ou um expediente da razão?

Respondo que sim, mas apenas parcialmente. A sensibilidade deve ser computada como um trunfo da razão na medida em que, desprovida do sentir, a razão não seria humana e poderia ser levada a termo por uma calculadora eletrônica. O ser racional nunca foi entendido como um ser insensível. É preciso que exista sensibilidade nas nervuras do pensamento. Logo, quando digo que sinto haver uma lógica complexa a reger a realidade que nos toca, não estou cedendo na minha razão, não estou sendo irracional ou menos racional. Ao contrário, estou sendo perfeitamente racional.

Mas que lógica destituída de humanidade é essa que sinto, à qual já chamei aqui de incomensuravelmente complexa? De saída, posso assegurar que ela é, para nós, um tanto inapreensível, pois escapa aos modelos epistemológicos de que dispomos. Ela não é a razão divina, mas, por estar ubíqua e onipresente em todos os recantos e em todos os instantes da nossa vida, pode se parecer com aquilo que há pouco eu mencionei como sendo a razão divina. E, como o que poderia ser a razão divina, ela tem se mostrado extensa demais, volumosa, espaçosa, como se fosse um objeto maior do que o pensamento que quer pensá-la. Podemos notar que ela existe, mas não é tão simples decodificá-la. Essa lógica não pode ser examinada em sua integralidade, como se pode examinar uma bactéria no microscópio, porque ela é maior que o campo de visão. Suas dimensões parecem ser mais vastas e mais intrincadas do que a capacidade humana de concebê-la, sobretudo porque ela não cessa de expandir-se. Incomensuravelmente complexa, como eu já disse duas vezes.

Tudo isso eu sinto, mas sou incapaz de descrever. Sinto também, vou me repetir, que essa lógica se desumanizou por inteiro. Não apresento elementos empíricos que me comprovem o diagnóstico, mas posso saber que sinto e, movido pelo que sinto, posso pensar sobre o sentir.

A técnica

Por certo, não estou sozinho nisso. São inúmeras as evidências de que vivemos regidos por uma lógica que se desumanizou sem perder seu ordenamento interno e seu rigor de método. Ela não se degradou em caos ou em estado irredutível de selvageria. Ela não é o "cosmos sangrento", para usar aqui a expressão do poeta que Mário Faustino consagrou em sua "Balada". Ademais, o "cosmos sangrento" existe desde sempre, e essa lógica desumanizada constitui um dado recente, inédito: o filamento significante que a costura não estava por aí desde sempre.

É algo novo, tão novo que me arrisco a situá-lo na linha do tempo. Isso surgiu apenas depois das revoluções industriais. De modo menos vago, surgiu apenas com o advento do que o filósofo alemão Günther Anders nomeou como sendo a "técnica". Então, passamos a ter algum contato consciente com essa lógica desumana, com essa coerência fria e imperiosa que mal sou capaz de delinear, mas que, em larga medida, nos governa.

No primeiro ensaio deste livro, "A humanidade encontra sua irrelevância: notas sobre a deserção do espírito", em que comento os efeitos da pandemia sobre a nossa autoimagem de humanos, cito uma obra que Günther Anders lançou em 1964: *Nós, filhos de Eichmann*.[1] Nesse texto, que tem a forma de uma carta, o autor anuncia um fato estrondoso, quero dizer, ele anuncia um fato que seria estrondoso se pudesse ser compreendido por todas as pessoas. Anders anota que, agigantados, os aparatos técnicos tomaram para si um mundo que era nosso, dos humanos, e passaram a dirigi-lo em nosso lugar, em nosso nome a despeito de nós.

Se formos capazes de vislumbrar minimamente as magnitudes da técnica de que ele nos fala, poderemos constatar que a humanidade gerou uma lógica maquínica que passou a concentrar e a exercer poder, nada menos que poder. Ela não é neutra. Ela não é inerte. Ela é ciosa e zelosa de seu poder, como se tivesse personalidade, embora não a tenha. E se expande em tantas vertentes simultâneas que a mesma humanidade que a gerou não dispõe de recursos para investigá-la em sua inteireza.

Se eu pudesse resumir o que não domino em seu conjunto, eu diria que o império da técnica pode ser definido como um produto que, embora saído das mãos do *Homo faber*, existe acima do alcance do cérebro do *Homo sapiens*. Tal constructo se abre em fios de força – força também política, mas não só – que se estendem na velocidade da luz, muito adiante do que podemos ver e abraçar com os modestos voos das nossas ideias, tristemente humanas.

---

[1] Anders, Günther. *Nós, filhos de Eichmann*. São Paulo: Elefante, 2023. p. 25.

Assim como eu não estou sozinho nisso, também Anders não teve essa visão sozinho. Ele se abasteceu da convivência com Hannah Arendt, com quem foi casado, e com Martin Heidegger, de quem ambos foram alunos. Outros nomes figuram nessa lista, mas não é preciso numerá-los. Só o que é preciso dizer é que a técnica se libertou das decisões dos que a forjaram e se irradia a partir de um campo próprio, agindo como um sujeito não-humano e imprimindo seu caráter mecânico, muito embora dialético, às relações entre as pessoas. Somos seres mediados pela técnica e por sua lógica.

Não foi sempre assim, insisto. Isso é recente. Tenho para mim que apenas no limiar dos anos 1940 surgiram as aberturas que permitiam antever o que estava por vir. Não nos esqueçamos de que a técnica não se resume aos inventos da cibernética, das gruas, dos satélites ou das câmeras fotográficas, mas se estende também, e com grande desenvoltura, pelos caminhos sinuosos da burocracia estatal que Max Weber saudou com tanto entusiasmo no começo do século XX. Ela comparece às normas jurídicas das sociedades industriais ou superindustriais, e nos consequentes mandos e desmandos jurisdicionais. A frieza da administração pública em face do cidadão desprotegido é uma das faces da técnica, mesmo quando ela não mobiliza nenhum tipo de maquinário, bastando-lhe os burocratas alienantes e alienados.

Quando Jürgen Habermas descreve a "ação estratégica" em *Teoría de la acción comunicativa*, que se realiza sistemicamente para oprimir a espontaneidade incipiente das ações humanas, candidamente humanas, ele descreve, ainda que sem nomeá-lo, o poderio da técnica.[2] Trata-se de um poderio real: mesmo quando não requisita *chips*, nem circuitos integrados, nem

---

[2] Habermas, Jürgen. *Teoría de la acción comunicativa*. Madrid: Taurus, 1987. 2 v. [Ed. bras.: Teoria da ação comunicativa. São Paulo: Unesp, 2022. 2 v.].

energia elétrica, nem combustíveis fósseis, a técnica encabresta os seres racionais a ponto de reduzi-los a instrumentos para atingir fins estratégicos que lhes são hostis. Está em toda parte. Está no traçado das ruas das cidades que direciona o trânsito dos pedestres, está na hierarquia dos edifícios perfurados por elevadores, está no encapsulamento dos fármacos e na inércia dos corpos extenuados por jornadas sem sentido.

A técnica além da técnica

Se na década de 1940 era possível ver, embora fosse mais difícil, hoje é quase impossível não ver, mesmo quando o sujeito não sabe sentir. Dá para ver a olho nu. Estamos às voltas com o *big data*, os algoritmos, o *machine learning* e a inteligência artificial (IA): a técnica saiu dos bastidores e ganhou uma visibilidade ofuscante, tanto no controle do tráfego aéreo como na redação de textos, sem falar na interpretação dos resultados de análises clínicas, no manejo do mercado financeiro, nos diagnósticos médicos e na definição de alvos de bombardeios.[3] Mais profundamente, ela arbitra sobre o deslocamento, as predileções e os destinos de homens e mulheres de carne e osso.

Sim, sobre os destinos. A técnica atua até mesmo na clínica de saúde mental. São um sucesso de mercado as terapias psicológicas oferecidas por aplicativos de telefone celular. Os apetrechos assumem o lugar de analistas de verdade e

---

[3] Cito a jornalista Dorrit Harazim, colunista de *O Globo*. Em "O algoritmo da morte", de 14 de fevereiro de 2024, ela conta que a revista digital israelense *+972* (972 é o prefixo telefônico de Israel e Cisjordânia), de Tel Aviv, em parceria com o site Sichá Mekomit ("chamada local"), noticiou que o algoritmo Lavender (Lavanda) selecionava os alvos humanos para os bombardeios de Israel em Gaza. Outro sistema, "Onde está papai", determinaria a localização desses alvos na hora do ataque. Disponível em: tinyurl.com/24je4uux. Acesso em: 05 maio 2025.

"conversam" com o cliente.[4] Nos *feedbacks*, os "pacientes" elogiam a "empatia" do terapeuta artificial. São também um êxito excitante os robôs virtuais que namoram os usuários. Esses seres imateriais e libidinosos deixaram de ser personagens de ficção científica e ganharam existência na vida social.[5] A técnica tem presença em todos os domínios.

A partir daí, começamos a ter a sensação de que, mais que uma lógica imperturbável, a técnica sintetiza também uma forma estranha de razão. Desprovida da presença humana, essa técnica, tornada razão, faz valer sua autoridade sobre os humanos. Ela é poder. Ela é saber.

É a isso, enfim, que dou o nome de *razão desumana*. A *razão desumana* é a técnica além da técnica. Ela não se limita a cálculos ou a operações matematizáveis. Ela não se resume a uma cadeia de argumentos cujos nexos internos caibam em equações. Ela parte, sem dúvida, das fórmulas e dos códigos de programação, mas já foi muito além. Não tem mais o aspecto de uma tela de comandos cifrados, com símbolos, números e sinais matemáticos. Não se apresenta como uma fileira quilométrica de números, letras e símbolos. Suas interfaces, como dizem os engenheiros, são sensíveis a palavras e às modulações do humor. Ela fala, ela escuta, ela desenha, ela compõe – e, como já lembrei aqui, ela mantém

---

[4] O pesquisador Joshua August Skorburg tratou disso no artigo "Is There an App for That? Ethical Issues in the Digital Mental Health Response to COVID-19", para a AJOB Neuroscience, v. 13, n. 3, 2022. Disponível em: tinyurl.com/msbcrpfp. Acesso em: 05 maio 2025.

[5] Uma das principais plataformas desse admirável mercado carinhoso atende pelo nome de Replika. Segundo informa o professor Diogo Cortiz, no artigo "Nunca dizem 'não': namoradas criadas com IA viram febre, mas são um perigo", publicado em 2023 no Tilt, página de conteúdo tecnológico do UOL, a Replika já tinha, naquele ano, 10 milhões de usuários pagantes. Há depoimentos de gente dizendo nunca ter sido tão feliz num relacionamento. (Disponível em: tinyurl.com/mv2w868n. Acesso em: 05 maio 2025.)

envolvimentos românticos, eróticos. Até parece gente. É tão mais desumana quanto mais parece humana.

No início deste prefácio, eu disse alguma coisa sobre como a sensibilidade se encontra com a razão e a integra e disse que esse encontro constitui um problema. Agora, volto ao mesmo problema, mas em outro nível. O problema é o seguinte: a *razão desumana* até parece sensível e por isso até parece humana. O que podemos fazer com nosso problema?

No mínimo, podemos falar dele, ao menos um pouco. Não é de hoje que sabemos que a razão, por mais que se pretenda inflexivelmente racional, não tem como ser inflexivelmente avessa à sensibilidade. A razão não é o oposto de emoção, como às vezes parece acreditar o senso comum. Nem precisamos de David Hume para saber que emoções, paixões e sentimentos movem a política, a filosofia e o pensar [6] – ainda que, no plano da razão, não tenham como prescindir do tempero que lhes é servido pelo tirocínio, pelo discernimento e pela virtude grega da prudência. Os afetos, à *la* Bento de Espinosa, visitam sobejamente a esfera da ética e da razão.[7] Esta admite e consagra noções éticas e sensações estéticas, nem sempre exatas ou objetivas.

Nesse ponto, devemos ter em mente um pequeno desacoplamento entre razão e sensibilidade. A primeira não se resolve nos tecidos cerebrais ou neuronais – ela se projeta para além do corpo, seja no que Hannah Arendt ou Paul Valéry chamam de "espírito", cada um a seu modo, seja no que Sócrates chama de "alma". Por itinerários variados, chegaríamos rapidamente ao postulado de que a razão não é contida pela matéria orgânica em que ela se processa. Pelos mesmos itinerários

---

[6] Santos, Hamilton. *O triunfo das paixões: David Hume e as artimanhas da natureza humana*. São Paulo: Iluminuras, 2023.

[7] Espinosa, Bento de. *Ética*. Tradução de Tomaz Tadeu. Belo Horizonte: Autêntica, 2009.

variados, descobriremos que a sensibilidade a acompanha, mesmo quando viaja clandestinamente.

Aqui entra o desacoplamento. Diferentemente daquilo que, com variações, convencionou-se chamar de razão, a sensibilidade, como sabemos, guarda nexos diretos ou indiretos com os sentidos, e estes têm suas raízes fincadas nas fibras do corpo. Os sentidos aderem à natureza física do ser vivo, mais ou menos como a fome, o sono e a exaustão. A pretensão de que eles caibam no interior das fronteiras da razão seria um contrassenso. Por outro lado, não há como recusar que alguma coisa que tem sua origem nos sentidos do corpo pode frequentar a casa da razão e até se sentir à vontade dentro dela. Nessa perspectiva, a sensibilidade é racional e a razão é sensível. Em retorno, a sensibilidade, hóspede da razão, educa os sentidos.

Mas todo esse desvio em que minha prosa mergulhou não se deu porque eu pretendesse glosar, como se diz no jargão acadêmico, séculos e mais séculos de discurso sobre a razão. Uma rapsódia filosófica, que, por sinal, está fora do meu campo de estudos, não é meu objetivo nem sequer é necessária. Eu só precisava passar por esses acúmulos bem decantados – e por seus desvãos traiçoeiros – para olhar mais de perto o que de fato nos interessa: a *razão desumana*. Sobre a humana já se sabe um bocado. Da *desumana*, gerada pela técnica, sabe-se quase nada. De todo modo, como ela simula – e emula – a razão que já conhecemos, aquela que nos apetece chamar de humana, é recomendável que nos apoiemos no que é sabido para entrevermos o que não se sabe, mas pode ser sentido.

Sim, a *razão desumana* é uma farsa, uma réplica, mas não uma ilusão: tem existência material e pesa mais que os campanários das catedrais da Idade Média. Os traços da razão primeira, aquela que distinguiria o humano, aparecem vívidos nas suas muitas faces, em efeitos verossímeis, convincentes. Máquinas nem tão avançadas enunciam falas melosas que despertam a afeição do consumidor. Mesmo a compaixão mística é encenada – e converte o desavisado. A sensualidade e a sedução podem ser ofertadas por algoritmos, na banalidade de um aparelho que se compra pelos correios. Mas essa é a parte fácil.

Qual parte não é fácil? Muitas, eu diria. Por exemplo: a *razão desumana* ativou em seus discursos – pois ela os profere, com loquacidade, em atos, palavras e omissões – uma série de pacotes de escolhas prévias que, mais adiante, levarão a escolhas posteriores. Escolhas prévias: uma escola de arquitetura a partir da qual será rabiscado o projeto da casa, ou uma corrente da ética, seja principista, seja consequencialista, mediante a qual será equacionado um dilema moral. Escolhas posteriores: a cor dominante das paredes da residência, o destino do passeio de férias, o fundo musical do consultório, o ônibus a se tomar para se chegar ao outro lado da cidade, o voto a ser dado nas próximas eleições.

Outro exemplo: a *razão desumana* aprendeu a prestigiar algumas tradições filosóficas em detrimento de outras, num tipo de inclinação que não podemos dizer que seja intencional. Apenas acontece, como costuma acontecer em tudo o que se deixe cortar pela ideologia, ou seja, em tudo que seja representável na linguagem. Ela aprendeu, igualmente, a dar mais centralidade a uma religião em prejuízo das demais. Qual religião? Qualquer uma, incluindo as religiões que não se sabem religiões. Ela aprendeu a jogar com inclinações de fundo valorativo ou opinativo. Ela aprendeu a favorecer um gosto, ao mesmo tempo que aprendeu a encobrir um desgosto. Mais ainda: ela provavelmente já está aparelhada para se reproduzir por sua conta e desenvolveu os meios para se replicar sozinha, com modificações incrementais, quase imperceptíveis, ou com mutações mais traumáticas e mesmo violentas. Temos tido sinais de que seu programa se reprograma e se restabelece em novas bases sem depender do aval de seu autor supostamente humano. A propósito: existe o autor humano quando ele, o humano, recebeu e assimilou o adestramento da técnica? Onde está o humano naquele corpo tornado previsível e gerenciável?

A *razão desumana* é o fantasma digital, o "espírito" que se liga na tomada e anda sozinho. Ela é a técnica elevada à segunda potência.

Capital

Eu falei da técnica elevada à segunda potência. Isso demanda uma satisfação a quem me lê. Ao aludir à segunda potência, quero indicar um dos elementos que consubstanciam o que há de recente, muito recente, na coisa estranha que tento descortinar aqui. Quando falo em segunda potência, quero dizer que a *razão desumana* resulta da fusão da técnica com o capital. Olhando o mesmo fenômeno por outro ângulo, posso dizer que, na *razão desumana*, temos a técnica, mas não só a técnica, temos também o capital encarnado, o capital que já não precisa se esconder. A lógica incomensuravelmente complexa que apareceu nas primeiras linhas deste texto é posta pelo capital como o significante primeiro. A *razão desumana* se organiza pelos ditames do capital. Ela se deixa pentear por ele. Ao mesmo tempo, embute os critérios e as ferramentas para redefinir o modo como o capital age no mundo. Sem a *razão desumana*, e sua técnica, e seu discurso, o capital já não teria como implementar e consumar seus ditames. Não estamos divisando apenas uma obra da engenharia ou da ciência. Acima disso, o que se insinua ou se escancara diante de nós são as relações capitalistas de produção automatizadas e autonomizadas.

Quanto ao subtítulo

Antes de terminar este prefácio, que já foi longe demais em digressões, retomo o subtítulo do livro: "Cultura e informação na era da desinformação inculta (e sedutora)".

Outra vez, temos aqui uma expressão que se arranha por dentro: "desinformação inculta". Não se trata de um trocadilho, porém. "Desinformação inculta" denota uma constatação. A desinformação do nosso tempo reduz a escombros o que poderíamos chamar de cultura. A desinformação não apenas se vale da cultura, não apenas emprega instrumentos fornecidos pela cultura, mas deglute e destrói a cultura no instante em que a toca. O que ela faz é deglutir e destruir a cultura no instante em que a toca. Uma vez tomados pelas engrenagens da desinformação, os utensílios linguísticos da cultura, como as imagens didáticas e as analogias mais primárias, mais ou menos metafóricas, perdem sua utilidade. Tomados pela desinformação, eles rapidamente se inutilizam, pois o ambiente comunicacional da desinformação acelera o ciclo exaurimento dos signos. Mais rapidamente eles se tornam lugares-comuns e, depois, "signos ideológicos defuntos", no dizer de Bakhtin. Em seguida, eles se desintegram. A desinformação calcina os signos culturais no instante mesmo que os recruta.

Em mais de uma passagem deste livro, sustento que a desinformação não se constituiu num "conteúdo", mas num ambiente comunicacional que interdita o acesso ao conhecimento e gera um artefato no mínimo desconcertante: a *ignorância artificial*. Eu trato do conceito no sexto ensaio deste livro, "Inteligência artificial, paz e democracia: esse encontro é possível?". Podemos entendê-lo como um dos sintomas da razão invertida e desumanizada. Costumeiramente, quase que por inércia, visualizamos a ignorância como se visualizássemos o vazio, a ausência de saber, a ausência de signos. Sendo a pura vacuidade, a ignorância poderia ser superada com educação, conhecimento e experiência. Para deixar de ser ignorante, bastaria ao sujeito a capacidade de aprender. Nos nossos dias, entretanto, a ignorância não se apresenta mais como um efeito da ausência. Ela é, antes, resultado de uma superabundância de estímulos sígnicos (figurinhas, barulhos, vozerios) que ocupam os espaços com certa brutalidade sem nada acrescentar a eles. A desinformação abarrota os espaços com seu nada – um nada que congestiona todos os canais. Também por esse procedimento, ela aniquila as células da cultura, uma a uma, mais ou menos como corrói por dentro a institucionalidade democrática.

Volto uma vez mais ao subtítulo, para destacar a palavra que aparece entre parênteses: "sedutora". Ela está aí porque a *razão desumana* seduz. Eu diria até mais: ela sabe sorrir, e muito bem. A forma do seu sorriso é o entretenimento totalizante. E se você quiser enxergar a trilha genealógica que veio dar no entretenimento da atualidade, posso apresentá-la, de modo bem abreviado, mas suficiente. Essa trilha teve sua origem na arte que, no Renascimento, passou a se emancipar das determinações que lhe fossem externas. Em seguida, a mesma trilha avançou pela indústria cultural que liquefaz os fundamentos da arte, tornada trabalho fungível, nos termos de Adorno e Horkheimer. Mais adiante, o entretenimento se remodelou na sociedade do espetáculo, descrita por Guy Debord, até desembocar no que eu mesmo tenho chamado de *Superindústria do Imaginário*.[8]

Vertebrada pela técnica e animada pelo capital, a *razão desumana*, sorridente, fisga o desejo, inebria a mente, monopoliza o olhar e aprisiona a libido num fluxo ininterrupto. Quando sorri, ela mata.

◆

Os sete capítulos deste livro foram desenvolvidos a partir de artigos que publiquei ou palestras que ministrei de uns

---

[8] Bucci, Eugênio. *A Superindústria do Imaginário: como o capital transformou o olhar em trabalho e se apropriou de tudo que é visível*. Belo Horizonte: Autêntica, 2021.

poucos anos para cá. Tudo foi reescrito, atualizado e reeditado, às vezes mais, às vezes menos. Nesses ensaios, analiso eventos tópicos, por vezes episódicos, que nos deixam ver aspectos dispersos da *razão desumana*. Meus assuntos são: (1) a pandemia de covid-19 e seus confinamentos; (2) o alastramento das *fake news* e da desinformação; (3) os descaminhos do consumo e do entretenimento; (4) o assassinato de George Floyd e os protestos que o seguiram; (5) as bibliotecas e a necessidade do encontro; (6) as tensões entre paz e inteligência artificial; e, por fim, (7) o modo como a indústria da diversão tomou o lugar que era da imprensa. Estudando esses "motivos", vasculho um mundo em que a cultura é inculta e a informação desinforma (e seduz).

Eu disse certa vez que ainda vivemos dentro da Caverna de Platão. A única diferença é que, agora, as paredes da caverna são revestidas de telas eletrônicas, que às vezes assumem a aparência de espelhos. Se soubermos criticar o que nos confina e nos traga, já teremos feito muito.

Capítulo 1

A humanidade encontra sua irrelevância: notas sobre a deserção do espírito[9]

A epidemia de covid-19 chegou no começo de 2020. A política de isolamento social, em São Paulo, teve início no início da segunda quinzena de março de 2020. Aos poucos, as aulas na USP passaram a ser oferecidas remotamente. Os professores tiveram de aprender, meio no tranco, a operar ferramentas virtuais que dessem conta de conectá-los com seus alunos. Foi um baque, mas a USP ficou de pé, não se vergou. No mais, a rotina acadêmica virou de ponta-cabeça. A pandemia, que já pusera em confinamento as populações de Wuhan, Madri, Veneza e outras localidades, começava a deixar as ruas paulistanas mais vazias de gente e mais cheias de dúvidas. Com as ruas livres de automóveis, o céu ficou mais claro. O ar, mais limpo. Era estranho. Como ficaria a sociedade depois disso? Voltaríamos um dia à chamada "vida normal"?

Eram tempos de incertezas inauditas. Naquelas semanas em que aprendíamos a fazer a chamada "quarentena", circulavam discursos otimistas na praça. Ao menos três deles merecem lembrança agora: o primeiro, um tanto bucólico, dizia que o novo coronavírus nos levaria a valorizar as coisas simples

---

[9] Uma primeira versão deste ensaio foi publicada na forma de artigo na revista *Estudos Avançados*, do Instituto de Estudos Avançados da USP. Bucci, Eugênio. A humanidade encontra sua irrelevância. Estud. av. [on-line], v. 34, n. 99, p. 245-260, maio/ago. 2020. Disponível em: tinyurl.com/4sz5aj4a. Acesso em: 06 maio 2020.

da vida, como a vida em família;[10] outras vozes entoavam um segundo discurso prevendo que as nações desenvolveriam novos pactos, mais sustentáveis, de convívio com a natureza;[11] em terceiro lugar, vinha a conversa que antecipava o declínio dos populistas autoritários de direita que vinham menosprezando o poder devastador da doença.[12] Quanta fantasia.

Nenhum dos discursos otimistas se confirmou. As coisas simples da vida seguiram desprezadas como sempre foram, as causas ambientais viraram sucata e, por fim, o populismo fascistizante regressou com força total, especialmente depois da eleição de Donald Trump, nos Estados Unidos, em 2024, para morar de novo na Casa Branca. Em janeiro de 2025, seu governo começou com atos simbólicos: pulou fora da OMS (a Organização Mundial de Saúde) e do Acordo de Paris. Enquanto isso, o aquecimento global entrou em fervura.

Voltando àqueles dias de 2020, eu pressentia cenários nebulosos, além de confinados. As populações indígenas beiravam

---

[10] Um dos jornalistas que melhor detectaram e documentaram essa tendência foi Alexandre Mansur, em artigo para a revista *Exame*, em 1 de abril de 2020: "Haverá um resgate de estilos de vida simples, mais focados nas relações humanas, na saúde e na felicidade, e menos na acumulação de bens tidos como supérfluos". Mansur, Alexandre. Oito megatendências ecológicas para o mundo pós coronavírus. Exame, 1 abr. 2020. Disponível em: tinyurl.com/2ddmef4t. Acesso em: 06 maio 2025.

[11] Um excelente panorama dessa possível tendência aparece no artigo, bem documentado e fundamentado, de Francisco de Assis Esteves, vice-diretor do Instituto de Biodiversidade e Sustentabilidade (Nupem), da UFRJ, do qual foi fundador. Esteves, Francisco de Assis. Coronavírus impõe guinada rumo à sustentabilidade. Conexão UFRJ, 29 abr. 2020. Disponível em: tinyurl.com/2v9rwprf. Acesso em: 06 maio 2025.

[12] O pesquisador Yasha Mounk foi um dos que verbalizaram essa possibilidade. Ver a entrevista concedida por ele ao site da BBC News: Idoeta, Paula Adamo. Pandemia pode enfraquecer populismo nos EUA e no Brasil, diz pesquisador de democracias. BBC News Brasil, 12 abr. 2020. Disponível em: tinyurl.com/29hjsaku. Acesso em: 06 maio 2025.

a dizimação, numa iminência atrelada ao desmatamento descontrolado. Tudo clamava por providências humanitárias. Em vão. A condução do Estado brasileiro era uma calamidade, tanto na frente ambiental quanto na frente sanitária. Cerca de dois anos depois, quando se fechavam as contas de perdas humanas, o vexame se traduziu em tabelas precisas. Com menos de 3% da população mundial, registrou aproximadamente 10% do total de óbitos no planeta: foram 702 mil mortes só no Brasil, contra pouco mais de sete milhões no mundo todo.

No começo, a publicidade se desinibiu. Sempre ela. O capital, o próprio, passou a se apresentar como arauto do amor cristão. Em abril de 2020, o Banco Itaú alardeou que faria uma doação de um bilhão de reais para combater o vírus, o que lhe rendeu um tsunami de menções televisivas em causa própria. O banco também lançou o movimento "Todos pela saúde".[13] Em julho, as três maiores casas bancárias descarregavam no ar campanhas massivas prometendo fundos para os pequenos empresários: Bradesco, Itaú e Santander "juntos pela sua empresa".[14] O ideal da partilha comunitária e dos laços de solidariedade, antes um bom sentimento difuso, instintivo e natural, passava a ter donos.

A propaganda piedosa dos cifrões passeava na TV de braços dados com o mórbido. Não podemos esquecer que, naqueles

---

[13] A notícia apareceu em mensagens publicitárias e em jornais, telejornais e sites jornalísticos. Coletiva em que o banco anunciou a medida disponível em: tinyurl.com/rdnc6exh. Reportagem do Jornal da Band sobre o assunto disponível em: tinyurl.com/wuashrbt. O jornal especializado *Meio & Mensagem* contou sobre o anúncio da iniciativa em: tinyurl.com/mpdts7cv. Acesso em: 14 fev. 2025.

[14] Sobre a campanha "Juntos pela sua empresa", dos bancos Itaú, Santander e Bradesco, lançada no início da pandemia de covid, muitos dos filmes e anúncios foram apagados da maior parte dos sites em que estavam disponíveis. Restam poucos registros acessíveis. Um dos registros pode ainda ser visto em: tinyurl.com/5y7z5vzm/. Acesso em 15 mai 2024.

dias, o desfile de féretros abria sua temporada nos noticiários de TV. As telas eletrônicas mostravam os cemitérios revirados pelo avesso como o espaço cenográfico da estação. Nas necrópoles sem calçamento, numerosos jazigos públicos, perfilados como planilha de Excel, se estendiam a perder de vista. Sobre o chão escalavrado, casulos matriciais, alinhados em marrom escuro, ofereciam covas rasas, abertas, a vítimas do vírus. O show não podia parar. Retroescavadeiras entraram em cena para cobrir com nacos de barro os caixões anônimos que chegavam em carrocerias. Não, aquelas cenas não eram ritos fúnebres, mas pavimentações em que motoniveladoras amarelas aplainavam o terreno em cima de dúzias de urnas mortuárias sem flores, sem pranto, sem ninguém. Coveiros tratorizados.

 A vida já não valia nada, ou quase nada. Os telespectadores não eram chamados a prantear seus mortos, não eram chamados a velá-los, só lhes cabia olhar de longe os túmulos sem nome nas terraradas revoltas. As vaidades de classe média evaporavam. O melodrama publicitário dos senhores do dinheiro tinha o jeitão de um sorriso de Photoshop. A comiseração capitalista não convencia, embora abundasse. Impossível crer que a banca acreditasse no que vendia. Àquela altura, já estava nítido o estrago que viria. Os observadores ajuizados sabiam que a recuperação do Brasil não seria rápida, e sabiam que o país sairia enfraquecido daquela história.[15]

---

[15] O ex-embaixador Rubens Barbosa, presidente do Conselho Superior de Comércio Exterior da Fiesp, descreveu o estrago em termos duros: "Análises e estudos das principais organizações internacionais indicam que a pandemia pode estender-se por um período maior que o antecipado. A vacina contra a covid-19 promete tardar para ser comercializada. A recessão global vai ser profunda e demorada. As consequências sobre a economia e o comércio internacional poderão ser devastadoras, com grave queda do crescimento e do desemprego global. A recuperação do Brasil não vai ser rápida, nem o País sairá mais forte, como alguns anunciam". Barbosa, R. Bom senso acima

Indiferentes à realidade, os bancos insistiam com a marquetagem financista. Numa campanha de rara insensibilidade, o Bradesco festejava criancinhas que, ao som de Elis Regina cantando "os sonhos mais lindos sonhei", examinavam bichinhos de pelúcia com um estetoscópio.[16] O pretexto era "homenagear os médicos". Sentimentalismos; a meta real e fria era livrar o sistema inteiro da inadimplência generalizada e da subsequente liquefação. Qual era a finalidade do capital com aquele saracoteio propagandístico? Talvez a intenção fosse salvar a confiança (essa moeda) no íntimo dos tomadores de crédito. Bancos nunca se movem para salvar vidas, movem-se, isto sim, para salvar a pecúnia, ainda que, para tanto, tenham que chegar ao desplante de salvar algumas vidas. Naquele tempo, ninguém sonhava "os sonhos mais lindos", só os capitalistas.

Sonhavam sozinhos. A massa compacta dos anúncios bancários tentava inocular um antídoto contra o pavor, mas os olhos da classe média, inclusive aquela que se imaginava alta, já não comprava o ilusionismo. A subjetividade dos que dependiam da sensação de privilégio tinha se partido. O que havia nos olhos aturdidos diante das telas era agora uma "melancolia de classe", quer dizer, um desamparo afetivo da classe que só é classe quando se identifica com os caprichos da classe dominante. Melancolia, enfim, de uma classe sem classe.

O que restava à classe média? No começo, restava-lhe fazer estoques. Nas primeiras semanas, foi uma corrida para

---

de tudo. *O Estado de S. Paulo*, 26 maio 2020. Disponível em: tinyurl.com/2taxr7ff. Acesso em: 26 maio 2020.

[16] Fascinação. [S. l.: s. n.], 17 maio 2020. 1 vídeo (1 min.). Publicado pelo canal Bradesco Seguros. Disponível em: tinyurl.com/4nbfrat9. Acesso em: 06 maio 2025. A canção é "Fascinação", composta originalmente em francês, em 1905, com letra do ator Maurice de Féraudy (1859-1932) e música do violinista Dante Pilade "Fermo" Marchetti (1876-1940).

entupir de pacotes de papel higiênico o armário da garagem. Fazer estoques virou um esporte competitivo. Logo vieram as mobilizações em massa para comprar máscaras cirúrgicas. Nas *lives* de Instagram, celebridades posavam com máscaras de grife. O álcool gel 70% também virou objeto do desejo. As madames nem tão endinheiradas assim acumulavam barris da substância, ao passo que as verdadeiramente abastadas compraram respiradores artificiais no câmbio negro e montaram UTIs clandestinas dentro de suas mansões, mas lhe faltariam médicos e enfermeiros para fazer a coisa funcionar. Então, explodiu a compra desenfreada de fármacos de nomes empedrados, como hidroxicloroquina e ivermectina. Mas, passadas as febres consumistas, e tudo em *fast-forward*, restou o deserto das vaidades caídas. Nas periferias, a peste jantava corpos, caminhões deles, enquanto a classe média perdia seu elã.

A autoestima dos remediados se desintegrou. Alguns chegaram a se ver como de fato eram: um lumpesinato cacarejante, demitido das figurações. A pandemia matou neles os ares de fidalguia falsificada. No vácuo do medo, o ódio cresceu. Não havia cura. Não havia remédio. Não havia vacina. Só havia a banca botando banca na TV.

Backspace

Foi sem nenhuma convicção que escrevi estas linhas, ou parte delas, em maio de 2020. Elas foram desconstruídas e reconstruídas muitas vezes. Mal se aprumavam e já desmoronavam, como a autoestima dos remediados. Na alvura da tela, as letras cerravam sua fileira e marchavam adiante para logo retroceder. As frases vinham e em seguida eram apagadas. A um palmo do nariz do escrevinhador, o cursor ia, ao ritmo dos caracteres em fila, e depois voltava, sob a sanha da tecla do *backspace*. Nas idas, as formas verbais se comprimiam em enunciados instáveis. Um par de segundos depois, tinham sido deletadas. Agora vai. Agora não vai mais. Outra linha, outra supressão. Sentenças se equilibravam e se desmilinguiam. Desmontes e remodelagens trançavam pernas. Eu escrevia e desescrevia, sempre sem convicção.

Foi um custo. Cada sílaba era assentada como um tijolo, um após outro. Tijolos pesados, cada um deles, que depois sumiam no ar como bolhas de sabão. Tijolos defeituosos. Para empilhá-los, os dedos retesados, no seu sapateado sem graça, tamborilaram hesitantes, em ritmo de vai-não-vai.

Estas palavras nasceram sem confiança de que durariam, mas o impulso "deletante", afinal, não venceu a pulsão diletante e digitante. E para quê? Para quem? De que valem estas linhas? Por que elas sobreviveram? Por que, agora, minhas palavras ainda estão aqui? Talvez porque resista, dentro delas, o desejo de encontrar os olhos de quem as leia e veja nelas um sentido que eu mesmo não vi.

Lembro que, enquanto ia e vinha o cursor do computador, foi ocioso observar uma vez mais que, na nossa língua portuguesa, como no grego, como no latim, a gente escreve para a direita e desescreve para a esquerda. (Será assim com todas as línguas indo-europeias?) Quando batucava estas sílabas fracas, eu via o avanço para a direita. Era um ser solitário puxando um arado em canteiro seco. Quando as dizimava – dá-lhe, *backspace* –, sentia alívio ao ver o recuo, como roçadeira, desmatando ideias rumo à margem esquerda. A margem esquerda quer de nós a desescrita, mas a direita, que prefere a produtividade, exige o texto pronto. Como campo gravitacional, a margem direita se sobrepôs à outra, e aqui está o que não era para estar aqui. Naqueles dias pandêmicos, dias e noites que ainda persistem em mim, teria sido mais sábio sossegar os dedos.

A expulsão do espírito

Os dias transcorreram. Os meses. As estações do ano. Saímos da praga menores e mais dispensáveis do que entramos.

Leves como uma gotícula de saliva no ar. Fungíveis como parafusos num canto de sarjeta. No final, ficaram de pé o dinheiro e a violência. Os órfãos das veleidades caídas ficaram mais brutos, com seus dentes clareados. Mais mortíferos, embora irrelevantes. A humanidade se reconheceu irrelevante, e tal reconhecimento não nos veio como tragédia, mas como banalidade.

Vem do poeta e ensaísta francês Paul Valéry o alerta de que as civilizações são mortais. Não que, no celebrado texto de 1919, ele tenha nos contado alguma novidade. Ele apenas avisou, e logo na primeira frase, o que já era sabido: "Nós, civilizações, sabemos agora que somos mortais".[17]

E por que não saberíamos? Civilizações, pífias ou exuberantes, morreram copiosamente, inclusive aquelas que foram abortadas, as que se deixaram deletar antes mesmo de abrir parágrafo. Há um século, Valéry admitia: "Sentimos que uma civilização tem a mesma fragilidade que uma vida".[18] Traduzamos: a mesma fragilidade de um cão de rua, de uma cascavel no agreste, de um sapo equatorial ou de um banqueiro hibernado na fazenda.

A consciência da mortalidade das civilizações foi tão assimilada que já se gastou, mas, antes que se lance contra a frase de Valéry o rótulo de lugar-comum, algo que pouco acrescentaria, convém lembrar que essa ideia já foi traumática, uma vez que houve quem acreditasse que certa "civilização ocidental", esta sim, cruzaria os umbrais da eternidade. Hoje, os que assim pensaram estão mortos. Na pandemia de 2020, a finitude teórica

---

[17] "*Nous autres, civilisations, nous savons maintenant que nous sommes mortelles*". Paul Valéry. *La crise de l'esprit. La politique de l'esprit. Le bilan de l'intelligence.* Editions-AOJB. Edição Kindle.

[18] "*Nous sentons qu'une civilisation a la même fragilité qu'une vie*" Paul (Valéry. *La crise de l'esprit. La politique de l'esprit. Le bilan de l'intelligence.* Editions-AOJB. Edição Kindle).

da civilização parecia nos acenar da janela, na companhia de dizeres sensacionalistas, como aqueles que – *pour épater le petit bourgeois*[19] – anunciavam a morte total da humanidade, causada por efeitos colaterais do aquecimento global.[20]

Fala-se, e fala-se sem a menor cerimônia, não apenas no desaparecimento do *Homo sapiens*, mas na calcinação de toda forma de vida no planeta. Quando não tanto, fala-se no encerramento da vida inteligente (o autoelogio vai de cambulhada) e, nos prognósticos mais conservadores, fala-se na extinção de parte considerável dos biomas da Terra. Sem drama. A banalização dessas profecias reverbera a mortalidade de tudo. Com a uberização dos corpos, das mentes e até do amor verdadeiro, o humano perdeu significância e centralidade. Se vamos mesmo desaparecer, parece que vamos desaparecer sem brilho. Isso talvez machuque mais o narcisismo do álcool gel.

As massas transnacionais, migrantes ou não, miseráveis ou não, proletarizadas ou subproletarizadas, não têm perspectiva de se integrar ao processo produtivo mediado por inteligência artificial. Na melhor das hipóteses, ficarão batendo palmas nas arquibancadas ou, quem sabe, vão se amontoar do lado de fora da festa implorando para lustrar o capô dos automóveis. Serão muitos os trabalhadores expelidos, que terão um papel irrisório, se é que terão algum. O que fazer com isso? Distribuir renda mínima para as gerações condenadas à desocupação? Isso dará sentido existencial a tantas vidas?

Além dos corpos, a imaginação foi escanteada. Mais humilhante do que a inutilidade perpétua das maiorias é o

---

[19] Expressão literária francesa geralmente atribuída a Baudelaire, que pode ser traduzida como "para chocar o pequeno-burguês".

[20] Um exaustivo levantamento da ocorrência dos discursos que anunciam "a extinção humana a curto prazo" – como na expressão de Guy McPherson –, pode ser visto em: Wallace-Wells, David. *A terra inabitável: uma história do futuro*. São Paulo: Companhia das Letras, 2019.

modo como as máquinas capazes de "aprender" deslocam e desativam o que um dia se chamou de espírito. Falo do espírito no sentido exato que lhe dava Paul Valéry. Não se trata do espírito cartesiano, do intelecto em trabalho, aquilo que leva o filósofo a dizer, na primeira pessoa, que é "apenas uma coisa que pensa". Tampouco se trata do espírito hegeliano, que, em sua manifestação mais alta, encarnaria a razão superior que regeria a natureza e os seres racionais (pois "o real é racional"). Trata-se, antes, de um espírito que não renega seu passado, mas ousa transbordá-lo; trata-se do espírito que, descendendo do espírito, gera o espírito que não se resume ao que já foi.

Entre nós, quem melhor lê e interpreta Paul Valéry é o filósofo Adauto Novaes. No ensaio "Mundos possíveis", com que introduziu um dos seus ciclos de palestras – ciclo que levava um título, por assim dizer, desescrevedor, *Mutações: o futuro não é mais o que era* –, Adauto anota que, para Valéry, o espírito é "potência em transformação".[21] Uma das raízes dessa proposição remontaria – sempre de acordo com Adauto – a Santo Agostinho, para quem o espírito poderia ser entendido como "o trabalho permanente da inteligência como potência de transformação". Portanto, entendamos o espírito humano como aquele que inventa o humano que o inventou. Ocorre que aquele que vai se transformando incessantemente bateu num limite.

Mas que limite é esse? Quem responde é Valéry: o limite do espírito terá sido o próprio espírito. Sigamos ainda com Adauto Novaes. Ele conta que o espírito – essa potência de transformação – subverteu o mundo de tal maneira, com tantas rupturas, tantos inventos e em tamanha escala que acabou por voltar-se contra si, como se seus inventos não mais precisassem de seus conselhos. Com essa imagem, Adauto nos

---

[21] Novaes, Adauto. Mundos possíveis. *Artepensamento IMS*, "Mutações: o futuro não é mais o que era", 2013. Disponível em: tinyurl.com/yt2jf7u8.

fala de um mundo em que a técnica e a ciência ganharam moto próprio e abandonaram o espírito, mais ou menos como a criatura imaginada por Mary Shelley caminha por si e não mais quer dar ouvidos ao seu criador, o Dr. Frankenstein. Surge assim uma razão fria, automática, desprovida de humanidade: a razão sem espírito.

Adauto se lança uma interrogação: "O que acontece com esta potência de transformação [*o espírito*] quando a modernidade procura transformar o espírito em coisa supérflua, como afirma ainda Valéry?"[22] Incrível essa expressão: "coisa supérflua". E então? O que acontece agora? A sensação teórica que me envolve é a de que o velho espírito, o mesmo que foi declarado "coisa supérflua" há cem anos, não passa de um acessório.

Mas essa razão sem espírito poderá ela ser chamada de razão? A dúvida já era perceptível em 1935, quando Valéry escreveu *Le bilan de l'intelligence:*

> Trata-se de saber se este mundo, prodigiosamente transformado, mas terrivelmente perturbado por tanto poder aplicado com tanta imprudência, pode receber o estatuto de mundo racional; poderá ele retornar rapidamente, ou, melhor, poderá ele chegar rapidamente a um estado de equilíbrio suportável?[23]

A resposta, desde então, é negativa. O que viria depois da década de 1930 – o Holocausto e a bomba atômica – veio comprovar que a resposta só poderia ser negativa. Uma

---

[22] Novaes, 2013, p. 1.

[23] "*Il s'agit de savoir si ce monde prodigieusement transformé, mais terriblement bouleversé par tant de puissance appliquée avec tant d'imprudence, peut enfin recevoir un statut rationnel, peut revenir rapidement, ou plutôt peut arriver rapidement à un état d'équilibre supportable?*" Valéry, Paul. *La crise de l'esprit. La politique de l'esprit. Le bilan de l'intelligence.* Editions-AOJB. Ebook.

engrenagem mórbida parecia mover-se e, de fato, entrava em movimento, sem mais levar em conta a virtude da prudência, marca essencial do espírito. A "máquina do mundo" (na metáfora de Carlos Drummond de Andrade) fazia girar suas roldanas a despeito das nossas mãos pensas e dos nossos pés palmilhando a estrada pedregosa. A "máquina do mundo" aí está para nos dizer que somos irrecorrivelmente irrelevantes.

O filósofo alemão Günther Anders (1902-1992) também se deu conta disso. Em um texto de 1964, "Nós, filhos de Eichmann", escrito na forma de uma carta aberta dirigida ao filho de Adolf Eichmann, Klaus Eichmann, ele observa:

> Nosso mundo, embora inventado e construído por nós mesmos, tornou-se, pelo triunfo da técnica, tão enorme que deixou de ser, em sentido psicologicamente verificável, realmente "nosso". Pois ele se tornou demais para nós.[24]

A filósofa também alemã Hannah Arendt (1906-1975), que foi casada com Günther Anders entre 1929 e 1937, teve sensibilidade para as mesmas aflições, que vinham de notar como a técnica, hipertrofiada, obstruía e matava os fluxos do pensamento. Ora, o pensamento, por excelência, é coisa do espírito. Mais ainda, o pensamento só pode ser empreendido como trabalho do espírito. Em seus escritos sobre "O pensar", publicados originalmente em inglês, em 1971, Hannah Arendt sustenta que o espírito é antes pensamento do que sensação.

> De Parmênides até o fim da filosofia, todos os pensadores concordaram em que, para lidar com esses assuntos, o homem precisa separar seu espírito dos sentidos,

---

[24] O texto foi traduzido por Felipe Catalani e publicado no Brasil, em 2023, pela Elefante. Anders, Günther. *Nós, filhos de Eichmann*. São Paulo: Elefante, 2023. p. 25.

isolando-o tanto do mundo tal como é dado por esses sentidos quanto das sensações – ou paixões – despertadas por objetos sensíveis.²⁵

O espírito não se desfaz do corpo, nem teria meios para isso, mas dele se distancia – para poder pensar. No distanciar-se do corpo, sem dele se desfazer, o espírito civiliza o mundo – e só o espírito pode civilizar o mundo. O espírito verdadeiramente pensante não se presta à mesquinharia ou à perversidade, mas ao seu contrário. Afinal, o espírito é a potência que pensa, e onde há pensamento a se distanciar do instinto, a perversidade não tem lugar.²⁶

Hannah Arendt escreveu que é "provável que a perversidade seja provocada pela ausência de pensamento".²⁷ Nada mais exato. Para ela, a vida feita só de corpo seria uma compactação de seres "à mercê de humores e emoções", incapazes de uma "experiência de identidade pessoal".²⁸ Usando a conhecida ideia platônica, a filósofa reitera que "fechamos os olhos do corpo" para "abrir os olhos do espírito".²⁹ Outra vez, nada mais acertado. Em lugar de sensações, a vida espiritual se compõe de pensamento e linguagem.

---

[25] Arendt, Hannah. *A vida do espírito*. Tradução de Augusto de Almeida, Antônio Abranches e Helena Martins. 11. ed. Rio de Janeiro: Civilização Brasileira, 2022 [1971]. v. 1: O pensar, p. 32. E-book.

[26] Retomo, nesse trecho, ideias que desenvolvi em uma conferência do Ciclo Mutações, organizada por Adauto Novaes, em 2023. Nesse ciclo, cujo tema foi o trinômio "Corpo-Espírito-Mundo", formulado por Paul Valéry, minha participação discorreu sobre "O espirituoso espírito artificial". O texto da minha palestra ainda não foi publicado. A coletânea das conferências sairá em breve.

[27] Arendt, 2022 [1971], p. 33.

[28] Arendt, 2022 [1971], p. 54.

[29] Arendt, 2022 [1971], p. 42.

> Nossas atividades espirituais são concebidas em palavras antes mesmo de ser comunicadas.[30]

E, em lugar da pulsão e do ato reflexo, o que temos aí são signos e, certamente, discurso. A filósofa alerta:

> É inconcebível o pensamento sem discurso.[31]

Numa das passagens mais tocantes – porque inteligentes – de seu texto, Hannah Arendt cita Immanuel Kant, o filósofo iluminista alemão. Como de costume, Kant é categórico:

> O que como espírito penso não é lembrado por mim como homem e, ao contrário, meu estado real como homem não participa da noção que tenho de mim como espírito.[32]

Quanto a isso, nada a opor. Só não posso deixar passar sem registro o fato de que a genialidade de Kant antecipa luminosamente o que o psicanalista francês Jacques Lacan escreveria apenas no século XX. Disse Lacan:

> Não se trata de saber se eu falo de mim conformemente ao que eu sou, mas se, quando eu falo de mim, sou o mesmo que aquele de quem eu falo.[33]

---

[30] Arendt, 2022 [1971], p. 53.
[31] Arendt, 2022 [1971], p. 53.
[32] Kant, I. Träume eines Geistersehers, erläutert durch Träume der Metaphysik. [Sonhos de um visionário explicados por sonhos da metafísica]. Publicado no Brasil com tradução de Joãosinho Beckenkamp, pela Editora Unesp. Ver a citação em: Arendt, 2022 [1971], p. 68.
[33] Lacan, Jacques. A instância da letra no inconsciente. In: *Escritos*. São Paulo: Perspectiva, 1996. p. 520.

Para mim é cristalino: sem saber, Kant falou do sujeito dividido, essa categoria que foi a marca registrada de Lacan; e, sem querer, Lacan falou do espírito kantiano, por mais que conhecesse profundamente sua obra. O espírito e o corpo são em lugares distintos.
Em suma, o desaparecimento do espírito teria sido uma obra suicida do próprio espírito. Bem sei que uma Pollyanna poderia alegar que estou exagerando. Afinal, diria ela, os algoritmos ultrassecretos e opacos, mesmo eles, que governam impassíveis o tráfego de opiniões nas redes sociais, não passam de criações do espírito humano, tendo em vista que foram projetados e fabricados por pessoas. Logo, todas as engenhocas que aí estão são produtos da inteligência humana. Ou seja, o espírito, que ainda estaria no centro.
Concedo que o argumento procede, mas tendo a discordar. Ao contrário, temo que o espírito não esteja mais no centro de nada. O que dizer quando os algoritmos e os conglomerados nos quais eles se escondem confinam a espontaneidade criativa das gentes de carne e osso? Ao engendrar tais engenhos – do *big data* à inteligência artificial –, o espírito fez deles os algozes do próprio espírito, o seu monstro frankensteiniano. Naquilo que tinha de mais humano, o espírito assim nomeado por Paul Valéry e por Adauto Novaes foi reduzido a "coisa supérflua" e, pobre dele, até perdeu o emprego, se é que deveria ter tido emprego algum dia.

"A inteligência pronta para trabalhar"

Falando em empregabilidade do espírito, há uma história bastante ilustrativa, por assim dizer. Um pouco antes da pandemia, a IBM, a gigante dos equipamentos digitais, adotou um *slogan* publicitário revelador de uma visão descabida do espírito. O *slogan* vinha como arremate das mercadorias oferecidas pela

IBM, aquelas máquinas estupendas, caras e complicadas, dizendo que tudo aquilo era "a inteligência pronta para trabalhar". O bordão soava em toda parte, parecia um mantra.

Eu pensava comigo: mas o que será que isso quer dizer? O que tinham na cabeça – cabeça sem espírito – os publicitários que inventaram essa frase? O que tinham na cabeça – cabeça sem espírito – os executivos que a aprovaram? De que forma era possível entender o significado da palavra "inteligência" naquele *slogan*? Inteligência por acaso "trabalha" na empresa do cliente da IBM?

Era interessante observar que, no contexto do *slogan*, a inteligência era realmente um ente disposto a "trabalhar". Os textos promocionais da IBM reiteravam que os equipamentos e os serviços da marca resolveriam prestimosamente os impasses enfrentados pelas empresas. A "inteligência", portanto, teria uma aplicação direta em organizações necessitadas de soluções para funcionar melhor. Estávamos falando, então, de uma "inteligência" que dá resultados e gera lucros, uma vez que, além de ser inteligente e de ser, também, artificial, a solução vendida pela IBM trabalha muito bem, trabalha que é uma beleza. Logo, estamos falando de uma "inteligência" bem formatada, bem programada, bem adestrada e rentável.

Mas será essa a inteligência do espírito? Será que esse *gadget* que o sujeito compra na loja da IBM é, por acaso... pensamento? Claro que não, claro que não, mas foi a isso que o conceito de "inteligência" acabou reduzido. No *slogan*, o substantivo "inteligência", a "inteligência" se dissocia do seu sentido crítico. A "inteligência", nesse vocabulário, em vez de crítica, é obediente, solícita, prestativa, diligente. A "inteligência" pode ganhar o prêmio de operário padrão. Pode aparecer no cartaz como o funcionário do mês na rede de supermercados. Agora, não é mais a inteligência (o espírito pensante e imaginativo) que desenha o lugar do trabalho, mas a exploração do trabalho que dá emprego e orientação à "inteligência". A "inteligência" se subordina a um critério que ela mesma, "inteligência", desconhece, para "trabalhar" em algo cujos efeitos não domina. Funda-se, com isso, o híbrido fabuloso da "inteligência" alienada.

É isso ou nada. Se não for assim, a inteligência não servirá para nada. A propósito, falando em entes úteis, para que servirá, agora, a poesia? Terá de ser "posta para trabalhar", ela também? Veja-se o que a publicidade faz com poetas, pintores, compositores e atores: todos trabalham para vender quinquilharias. O que sucederá com a filosofia? Estará "pronta para trabalhar", ela também? E o que dizer das universidades sem filosofia e sem artes? Serão as universidades sem espírito? O que ocorrerá com a contemplação, esse estado do espírito descrito por Aristóteles como o mais elevado grau da felicidade? Tudo isso já passou a ser coisa supérflua

Planeta confinado

Não foi sem aviso. Nó século XIX, Karl Marx já tinha rabiscado alguma coisa sobre o "espírito de uma época sem espírito".[34] Não foi sem aviso mesmo. Mais de um século depois, escancarou-se a fissura entre o espírito e a supermodernidade maquínica que anda sem o espírito e prefere andar assim. Na

---

[34] A frase inteira, bastante célebre, que aparece na famosa Introdução à *Crítica da Filosofia do Direito de Hegel*, é a seguinte: "A religião é o suspiro da criança acabrunhada, o coração de um mundo sem coração, assim como também o espírito de uma época sem espírito. Ela é o ópio do povo". A obra pode ser acessada gratuitamente no site Domínio Público, do MEC: tinyurl.com/2k2kzzf3 . (Acesso em: 25 maio 2025.) Ver também a tradução de Rubens Enderle e Leonardo de Deus, na edição do livro publicada no Brasil em 2005 pela editora Boitempo. Aí, a Introdução é publicada ao final, como apêndice, e o trecho clássico, um dos mais citados de Marx, foi vertido de outro modo: "A religião é o suspiro da criatura oprimida, o ânimo de um mundo sem coração, a alma de situações sem alma. A religião é o ópio do povo" (p. 145).

época da pandemia, o retrato hiper-realista do novo mundo sem espírito – ou do mundo pós-espírito – eram as covas em formação militar nos cemitérios de retroescavadeiras. A pandemia demonstrou, com os coveiros motorizados e com os bancos de empatia fiduciária, que o espírito é economicamente supérfluo e que a humanidade, ela mesma, é um estado irrelevante da matéria.

Humanidade já não é baliza. Não conta. Aquela que, para Kant, deveria ser sempre o fim, nunca o meio, viu-se reduzida a um aparelho de obsolescência programada. Aquela que emprestava elevação e respeito a qualquer ação que a invocasse, mal se segura como substantivo coletivo. Hoje, a palavra "humanidade" está para os seres humanos assim como a palavra "alcateia" está para os lobos. Em 2020, eu ouvia cientistas e políticos falando em "imunidade de rebanho". Seria uma conversa de lobos?

Em abril de 2020, correu a notícia de que, em todo o mundo, 4,5 bilhões de pessoas tinham entrado em alguma forma de confinamento.[35] O dado impressionava por sua magnitude: nada menos do que seis em cada dez seres humanos sobre a Terra viviam em regime de quarentena, trancados em casa (ou em algum buraco), sem ir ao trabalho, sem ir à escola, sem ir pedir esmola nas ruas, sem ir ao bar ou ao cinema. Em grandes cidades, apenas em circunstâncias excepcionais as autoridades permitiam que alguém saísse de casa. O salvo-conduto valia para ir comprar comida ou remédio ou para prestar serviços indispensáveis, como no caso dos médicos, enfermeiros, policiais, lixeiros, caminhoneiros e jornalistas. 4,5 bilhões de terráqueos. O dado impressionava também pelo que revelava a respeito das engrenagens produtivas do

---

[35] Coronavírus deixa 4,5 bilhões de pessoas confinadas no mundo. *O Globo*, 17 abr. 2020. Disponível em: tinyurl.com/4m88nnmm. Acesso em: 08 maio 2025.

capitalismo atual. Mesmo numa circunstância de 4,5 bilhões de confinados, a produção de mercadorias, o trânsito do dinheiro e os movimentos do mercado não feneceram. Mesmo com uma absurda escassez de gente, a economia seguiu.

A covid-19 levou os capitalistas a descobrirem que a presença física de seres humanos, a não ser em funções singulares, atípicas, podia ser dispensada, sem prejuízo do sistema. Houve mesmo alguns eufóricos. Em toda parte, comentaristas, cronistas e os inevitáveis especialistas *habitués* dos meios de comunicação, todos em regime de confinamento, mas todos falantes, teceram loas e mais loas às maravilhas tecnológicas que inauguraram a modalidade telemática do "trabalho remoto". Uma vez mais, a técnica salvava o capitalismo. No bojo do vozerio, o significado dos termos "remoto" e "à distância" mudou. O palavrão "presencial" ganhou outra dimensão, sobretudo porque as coisas humanas deixaram de ser feitas, com o perdão da palavrada bruta, "presencialmente". Nunca se fez tanto amor "virtual" como nos tempos da covid-19. Não são necessárias pesquisas empíricas para saber que foi assim.

O capitalismo era outro. Ele, que se desenvolvera comprando a "força de trabalho" dos corpos, agora dispensava os corpos. Antes, quando comprava a preciosa "força de trabalho", a linha de produção era movida a sangue. A Revolução Industrial modificou a planta de fábrica, por certo, mas, ainda no século XX, ou durante os três primeiros quartos do século XX, as relações de produção não poderiam prescindir da ação física do trabalhador sobre a coisa fabricada. A exploração se dava *in loco*, de corpo presente. Quando a pandemia chegou, já não era mais assim. A automação do valor agregado (valor-a-mais sobre valor-a-mais) requisitava menos do corpo e mais da alma. Por isso, o capital pôde se dar ao luxo de explodir as jornadas de trabalho medidas em horas contínuas. A produção desse capitalismo reinventado aprendeu a explorar a imaginação domesticada, a inteligência alienada, o espírito caído, ausente, e nada disso se mede mais no relógio.

O capital já não explora mais o suor, explora o engajamento pulsional. O capital aprendeu a explorar o desejo tanto na produção como no consumo, assim como aprendeu a explorar o olhar como trabalho. No capitalismo que fabrica imagem, signo e valor de gozo,[36] o humano migra dos turnos laborais de oito horas para a conexão *on-line* que não se apaga durante as 24 horas do dia. Foi então que o capitalismo cortou mais alguns laços de dependência que mantinha em relação à humanidade.

Essa ordem de transformações sobrepostas repaginaram a cultura. Em lugar dos encontros chamados de "presenciais", emergiram outros planos de aproximações. Avatares substituíram corpos, as presenças se renderam às "telepresenças",[37] os espaços públicos se transmutaram em telespaço público. A comunicação social se deslocou da Instância da Palavra Impressa para a Instância da Imagem ao Vivo. O sujeito foi alçado a planos paradoxais de existência para além do corpo. O dinheiro viaja na velocidade da luz. O olhar viaja na velocidade da luz. O desejo também. O discurso. Quanto ao corpo, foi posto em quarentena – e a quarentena se prolongou para além da covid-19. Nas planilhas do capitalismo, a maioria dos habitantes do planeta, nesta geração e, principalmente, nas próximas, recebe na testa uma rubrica menos digna do que a de "exército de reserva". Vidas humanas não apenas não geram riqueza, como podem importunar a conta. Entulho. Detritos industriais. Irrelevância existencial. Irrelevância material. Irrelevância metafísica. O humano ainda é um instrumento, mas cada vez mais descartável.

---

[36] Ver: Bucci, Eugênio. *A Superindústria do Imaginário*. Belo Horizonte: Autêntica, 2021.

[37] A expressão é de Paul Virilio. Ver: Virilio, Paul. Imagem virtual mental e instrumental. In: Parente, André. (Org.). *Imagem-máquina: a era das tecnologias do virtual*. Rio de Janeiro: Editora 34, 1995.

Capítulo 2

As Ciências da Comunicação contra a desinformação[38]

Estou de acordo com os que dizem que é preciso contestar e corrigir a desinformação. Devemos ter checagem de fatos (*fact-checking*), educação midiática e campanhas educativas as mais diversas. Mas temo que, como estudiosos, talvez estejamos longe de entendê-la. De onde ela brota? Com quais vetores? Para onde aponta? Se queremos de fato enfrentar essas interrogações, teremos de pensar sobre os conceitos, suas raízes e seus prolongamentos de longa duração. Estamos diante de enfrentamentos urgentes, é verdade, mas o tempo do pensamento precisa ser mais largo.

Para dar conta disso, este ensaio vai se desenvolver em três fôlegos: no primeiro, vou condensar uma retrospectiva do conceito de informação; no segundo, vou expor o que podemos entender por desinformação; por fim, na conclusão,

---

[38] Este texto foi apresentado pelo autor como Conferência de Abertura do 45º Congresso da Intercom, em João Pessoa (PB), em 7 de setembro de 2022, e depois publicado na forma de artigo acadêmico na revista *Comunicação & Educação*. Bucci, Eugenio. Ciências da Comunicação contra a desinformação. *Comunicação & Educação*, São Paulo, Brasil, v. 27, n. 2, p. 5-19, 2022. Disponível em: tinyurl.com/3zntuch3. Acesso em: 09 maio 2025. A versão publicada neste livro, à parte mínimas correções, supressões ou adições, é a mesma do artigo original. Em boa medida, o presente capítulo se vale de trechos de outro livro meu: Bucci, Eugenio. *Existe democracia sem verdade factual?* Barueri, SP: Estação das Letras e Cores, 2019.

vou explicar por que a comunicação passou a ocupar o centro do capitalismo e como isso tem parte com a desinformação.

Primeiro fôlego: o que é informação?

A palavra *informação* tem se prestado a tantos usos, e tão arestosos entre si, que podemos encontrá-la com sentidos contraditórios. Uma mentira pode ser chamada de informação? Há quem diga que sim. Eu, de minha parte, jamais concordaria com isso. Para evitarmos confusões desnecessárias, faço um breve retrospecto, começando pela etimologia organizada por dois estudiosos da Ciência da Informação, Rafael Capurro e Birger Hjorland:

> Muitas palavras gregas foram traduzidas, para o latim, por *informatio* ou *informo*, como *hypotyposis* (que significa *modelo*, especialmente em um contexto moral) e *prolepsis* (representação), mas a maioria dos usos de nível mais elevado são explicitamente relacionados a *eidos*, *idea*, *typos* e *morphe*; isto é, a conceitos-chave da ontologia e da epistemologia gregas.[39]

Os dois autores contam ainda que os termos latinos *informatio* e *informo*, que aparecem em obras do poeta Virgílio (70-19 a.C.), têm relação com o ato de dar forma a alguma coisa. Eles anotam que Tertuliano (160-220) viu no profeta Moisés o *populi informator*, isto é, o modelador de pessoas, o educador ou, ainda, o formador do povo.

No Renascimento e no Iluminismo, o termo *informação* não registrou presença de relevo. Foi sobrepujado, com folga,

---

[39] Capurro, Rafael; Hjorland, Birger. O conceito de informação. *Perspectivas em Ciência da Informação*, v. 12, n. 1, p. 148-207, jan./abr. 2007, p. 156. Tradução de Ana Maria Pereira Cardoso, Maria da Glória Achtschin e Marco Antônio de Azevedo..

por outra palavra: "verdade". Para os iluministas, a Liberdade abriria as portas para a Verdade e esta conduziria os homens à Felicidade. É curioso que uma aura sacralizante tenha emoldurado a palavra Verdade naqueles tempos, por mais que o Iluminismo se declarasse anticlerical. Ou, para dizer a mesma coisa a partir de outro ângulo, às vezes fica a impressão de que, tendo destronado a divindade máxima, os iluministas puseram a Verdade, com "V" maiúsculo, em seu lugar.

Não se trata de exagero. Honoré Gabriel Riqueti, o conde de Mirabeau, tinha fé na infalibilidade da verdade iluminista.

> Por acaso a verdade alguma vez foi derrotada quando atacada abertamente e quando teve a liberdade para defender-se?[40]

Foi nesse mesmo período, no calor dos debates em torno da verdade, que a esfera pública burguesa ganhou corpo. Habermas advertiu que a esfera pública "não se refere nem às funções nem ao conteúdo da comunicação de todo dia, mas ao espaço social gerado pela comunicação".[41] Ora, a troca de opiniões e informações entre os cidadãos, por jornalecos e panfletos, foi o ninho da esfera pública. Logo, a gênese da esfera pública, em boa medida, tem vinculações com aquilo a que hoje chamamos de *informação*.

No século XIX, a informação jornalística se fez indústria: era a grande portadora da verdade. O relato confiável viria da "adequação do pensamento à coisa real" (*adequatio rerum et intellectus*), para acompanharmos a definição que São Tomás de Aquino (1225-1274), com forte influência de Aristóteles,

---

[40] Nascimento, Milton Meira do. *Opinião pública e revolução*. São Paulo: Edusp; Nova Stella, 1989. p. 61.

[41] Habermas, Jürgen. *Between Facts and Norms*. Cambridge: MIT Press, 1992. p. 360. Tradução nossa.

deu à "verdade". Quanto mais exata, melhor seria a informação. Além de exata, precisava ser rápida. Quanto mais veloz, mais estratégica. Quanto mais cedo um jornal publicasse a notícia exata e quente, maior seria sua chance de lucrar.

A agilidade no domínio desse saber imediato tornou-se um imperativo. Como se diz, a informação jornalística é sempre "o primeiro rascunho da história",[42] e esse rascunho não podia tardar.

Com o século XX, veio o "desencantamento" do mundo, nos termos de Max Weber (em alemão, *Entzauberung*, que aqui tem o sentido de "desmagificação" ou "desendeusamento"[43]). Então, a palavra "verdade" se esvaziou de seus poderes ou encantos mágicos, enquanto a palavra *informação* ocupou mais espaço, sobretudo a partir de seu conceito matemático – que exerceu e ainda exerce forte influência sobre nossos estudos.

Para o matemático dos Estados Unidos Claude Shannon (1916-2001), a informação teria uma unidade irredutível:

---

[42] Phil Graham (1915-1963), jornalista americano que foi editor e coproprietário do jornal *The Washington Post*, lançou mão dessa definição num discurso que fez em Londres, em 1963, para os correspondentes da *Newsweek*. A ideia já fazia parte do repertório habitual do jornal desde a década de 1940, provavelmente por iniciativa do editorialista Alan Barth (1906-1979), que usou a mesma frase – "a notícia é apenas o primeiro rascunho [*first rough*] da história" – num texto de 1943. Pesquisadores registram textos com formulações parecidas desde a primeira década de 1900.

[43] A expressão aparece em várias obras de Weber, além de *Ética protestante e o espírito do capitalismo*. São Paulo: Companhia das Letras, 2004. Ver, entre outros estudos: Pierucci, Antônio Flávio. *O desencantamento do mundo: todos os passos do conceito em Max Weber*. São Paulo: Editora 34, 2003. Ver, para um rápido panorama: Cardoso, Matêus Ramos. O desencantamento do mundo segundo Max Weber. *Revista EDUC*, Faculdade de Duque de Caxias, v. 1, n. 2, p. 106-119, jul./dez. 2014. Disponível em: tinyurl.com/munf8ab4. Acesso em: 09 maio 2025.

um *bit*, ou seja, o dígito binário, a menor unidade possível de informação no modelo de Shannon. O sentido do *bit* – ou da informação – não importava. O significado era irrelevante. Em 1949, Shannon e o parceiro Warren Weaver afirmaram:

> A informação não deve ser confundida com o significado. [...] Na verdade, duas mensagens, uma das quais é fortemente carregada de significado e a outra apenas absurda, podem ser exatamente equivalentes, do ponto de vista aqui adotado, no que diz respeito à informação. [...] Os aspectos semânticos da comunicação são irrelevantes para os aspectos de engenharia. Mas isso não significa que os aspectos de engenharia são necessariamente irrelevantes para os aspectos semânticos.[44]

Traduzindo: para eles, tanto faz se um *bit* diz a verdade ou conta uma mentira. Bastava que ele fosse transmitido de uma máquina emissora para uma máquina receptora. Shannon e Weaver pesquisavam a comunicação entre circuitos eletrônicos, não entre pessoas.

Para nós, no entanto, o sentido faz toda a diferença, uma diferença de vida ou morte. O *bit* sem significado pode ter pavimentado o caminho para fabricar a inteligência artificial, o *big data* e os prodígios do *machine learning*, mas se provou insuficiente, muito mais do que irrelevante, para aprimorar a democracia e para o diálogo entre os humanos. A teoria matemática da comunicação equacionou o fluxo de *bits* pelos circuitos eletrônicos, mas não resolveu e jamais poderá resolver os impasses da discordância e da concordância entre seres cujos corpos são feitos não de silício, mas de carbono. Para os seres humanos, não há convivência respeitosa se as relações entre as pessoas não estiverem baseadas em algum

---

[44] Shannon, Claude E.; Weaver, Warren. *The Mathematical Theory of Communication*. Urbana: The University of Illinois Press, 1964. p. 8, tradução nossa.

sentido compartilhado, em significados comuns. Tanto que, para nós, nas Ciências da Comunicação, a democracia é indissociável da informação que entrega sentido às pessoas de carne e osso. Em resumo, para nós, a informação só merece esse nome quando entrega sentidos na comunicação entre seres humanos.

Na década de 1960, a filósofa Hannah Arendt (1906-1975) se dedicou ao tema da verdade e da mentira na política. Em seu itinerário doloroso, traumático, ela costurou, talvez sem se dar conta, uma reconciliação da "verdade" iluminista do século XVIII com a *informação* fria do século XX. Com o conceito de *verdade factual*, Hannah Arendt limpou o terreno.[45]

Mas o que é a verdade factual? Vai aqui uma síntese. Ela é o relato veraz e verificável sobre o que se passou, e estrutura nada menos que a própria política. Nas palavras da filósofa, "os fatos e os acontecimentos constituem a própria textura do domínio político".[46] Ela diz que:

> a verdade de facto [*ou a verdade factual*] fornece informações ao pensamento político assim como a verdade racional fornece as suas à especulação filosófica. [47]

Ela sustenta que qualquer pessoa, mesmo que iletrada, tem acesso à verdade factual:

---

[45] Arendt, Hannah. Verdade e política. In: *Entre o passado e o futuro*. Tradução de Manuel Alberto. Lisboa: Relógio D'Água, 1995. Disponível na internet: https://abdet.com.br/site/wp-content/ uploads/2014/11/Verdade-e-pol%C3%ADtica.pdf. Acesso em: 28 jun 2022. Eu mesmo me ocupo do assunto em *Existe democracia sem verdade factual?*, citado anteriormente.

[46] Arendt, 1995.

[47] Arendt, 1995.

Podemos permitir-nos negligenciar a questão de saber o que é a verdade, contentando-nos em tomar a palavra no sentido em que os homens comumente a entendem.[48]

A escritora tem consciência, porém, de que essa forma de verdade é frágil:

> E se pensamos agora em verdades de facto – em verdades tão modestas como o papel, durante a revolução russa, de um homem de nome Trotsky que não surge em nenhum dos livros da história da revolução soviética – vemos imediatamente como elas são mais vulneráveis que todas as espécies de verdades racionais tomadas no seu conjunto.[49]

Na mesma linha, os cientistas da informação Rafael Capurro e Birger Hjorland reiteram que a informação gera sentido para seres humanos:

> A coisa mais importante em CI é considerar a informação como uma força constitutiva na sociedade.[50]

Em seguida, sustentam que "quando usamos o termo 'informação'" designamos "o que é informativo para uma pessoa".[51] Eles prosseguem:

> Em nossa percepção, a distinção mais importante é aquela entre informação como um objeto ou coisa (por exemplo, número de *bits*) e informação como um conceito

---

[48] Arendt, 1995.
[49] Arendt, 1995.
[50] Capurro; Hjorland, 2007, p. 151.
[51] Capurro; Hjorland, 2007, p. 154.

subjetivo, informação como signo; isto é, como dependente da interpretação de um agente cognitivo.[52]

O arquiteto e editor Richard Saul Wurman diferencia dados e informação: "Informação deve ser aquilo que leva à compreensão".[53]

Só podemos conceber a informação como *dado dotado de sentido* – não de *qualquer sentido*, mas de um sentido eficaz para que as pessoas em sociedade se apropriem da *verdade factual* assim como se apropriam de seus corpos, de seus direitos, de suas identidades e de suas vidas. Somente a *verdade factual* permite o acesso da razão aos fatos e aos acontecimentos. Fornecendo a textura do domínio político, ela consiste no tecido do diálogo em torno do destino comum. A informação, sendo indissociável de sua própria comunicação, é a própria *formadora (*informator*) da vida democrática.*

Segundo fôlego: o que é desinformação?

Alguns lances recentes podem nos ajudar a enxergar o quadro que nos ameaça. No início de setembro de 2016, a revista semanal britânica *The Economist* foi às bancas com uma chamada de capa desconcertante: "A arte da mentira: a política da pós-verdade na era das redes sociais".[54]

A reportagem de capa tratava da campanha de Trump e do Brexit, naquele mesmo ano de 2016, com suas fraudes e

---

[52] Capurro; Hjorland, 2007, p. 193.

[53] Wurman, Richard Saul. *Ansiedade de informação: como transformar informação em compreensão*. São Paulo: Cultura, 1991. p. 43. [Ed. original: Wurman, Richard Saul. *Information Anxiety*. New York: Doubleday, 1989].

[54] Art of the lie: Post truth politics in the age of social media. *The Economist*, capa, 10 set. 2016.

manipulações industriadas e industrializadas. Mas será que o semanário inglês queria dizer que a mentira era uma novidade na política? É evidente que não. Desde Platão se sabe que a mentira é natural da política. A novidade que se apresentava, aos olhos de *The Economist*, era a dose, o grau, o patamar da mentira e seu alcance instantâneo e massivo. Isso, sim, era e é um dado novo.

Dois meses depois dessa capa, o termo "pós-verdade" foi declarado "a palavra do ano" pelo *Oxford Dictionary*. Em inglês, *post-truth* é um adjetivo que "qualifica um ambiente em que os fatos objetivos têm menos peso do que apelos emocionais ou crenças pessoais em formar a opinião pública".[55] Segundo o dicionário, estaríamos num período em que é muito fácil, para um agente político, manipular dados conforme sua vontade.[56]

Naqueles dias, outra expressão se popularizava em todas as línguas: *fake news*. Órgãos de comunicação do mundo inteiro usavam e abusavam dessas duas palavrinhas, coladas uma à outra. Elas ficaram famosas rapidamente, mas, em matéria de precisão, não havia consenso. Muita gente começou a tomar *fake news* como sinônimo genérico de mentira. Alguns afirmavam mesmo que as *fake news* existiam desde sempre e apareciam na Grécia Antiga e nas pirâmides do Egito.

Nada mais descabido. Sejamos minimamente lógicos. Não pode haver *fake news* sem antes haver *news*, assim como não pode haver uma nota falsa de dólar antes de haver a

---

[55] No original: "*Relating to or denoting circumstances in which objective facts are less influential in shaping public opinion than appeals to emotion and personal belief*". Disponível em: tinyurl.com/4jddsxpx. Acesso em: 30 jul. 2022.

[56] Verbete original: "*In this era of post-truth politics, it's easy to cherry-pick data and come to whatever conclusion you desire*". Disponível em: tinyurl.com/25rt7pue. Acesso em: 10 maio 2025.

cédula autêntica dessa moeda. As *fake news* são uma falsificação de forma, a forma notícia, e só depois fraudam o conteúdo. *Fake news* são um tipo historicamente datado de mentira. São uma criação do século XXI. Logo, não podia haver *fake news* no Éden de Adão e Eva ou nas pirâmides do Egito antigo.

Mas a bagunça conceitual não ficava só nisso. Donald Trump chamava absurdamente de *fake news* o noticiário do *The New York Times*. Nós usávamos as mesmas palavras para designar as mentiras que Trump difundia, como a de que o Papa Francisco o apoiava, como a história de que Barack Obama não tinha nascido nos Estados Unidos. Nós sabíamos que jornais com endereço certo e sabido podem até veicular falsidades, mas não produzem *fake news*, por definição. A gente tentava explicar, mas não adiantava nada. Então, para superar o imbróglio, a pesquisadora e jornalista Claire Wardle, criadora do projeto First Draft, teve a feliz ideia de deixar de lado a expressão *fake news* e dar preferência ao substantivo *desinformação*, com o qual forjou um novo conceito.

Embora reconhecesse que até peças despretensiosas de sátira poderiam acarretar efeitos desinformativos,[57] ainda que

---

[57] A pesquisadora Claire Wardle, líder e fundadora do projeto First Draft, nos ajuda a entender esse termo e sua prática. Ela sintetizou sete tipos e com eles classificou os "conteúdos" que sabotam o conhecimento dos fatos. No centro de gravidade dessas sete categorias, Wardle desenhou o conceito de *disinformation* (desinformação), que envolve intenção de causar danos e lesar direitos (econômicos, políticos ou pessoais). Ao lado disso, ela chama de *misinformation* uma forma branda de desinformação, que não envolve necessariamente o propósito doloso. Uma terceira modalidade é a chamada *malinformation*, que denomina as ações que, lançando mão de informações genuínas, prepara os relatos propositadamente para gerar mal-entendidos e obter vantagens indevidas causando prejuízos a outras pessoas. No centro de gravidade de todas essas práticas

involuntários, Claire Wardle propõe que a *desinformação*, como regra, traz em si o propósito consciente de lesar direitos das pessoas para obter vantagens indevidas, sejam econômicas, sejam políticas. A segunda característica dominante, imprescindível ao conceito, é a propagação massiva: ao menos em uma de suas etapas, a difusão desse tipo de mentira é impulsionada pelas ferramentas digitais, alcançando audiências gigantescas. O conceito supõe, portanto, o dolo (ou má-fé) e a escala (virtualmente planetária).

Graças a esse conceito, pesquisas empíricas e campanhas educativas se viabilizaram, tendo à frente as agências de *fact-checking*. Não obstante, o conceito tem uma positividade excessivamente técnica para embasar uma reflexão filosófica. Mas como pensar além disso?

É o que tentarei fazer a partir de agora. De início, podemos abordar o tema por meio de contrastes. Se a informação e sua comunicação tecem a esfera pública, a desinformação esgarça, desfia e desagrega a esfera pública. Sabemos que a esfera pública já tinha problemas graves de assimetrias, iniquidades e manipulações. Mas agora é pior.

A desinformação não se resume a um desvirtuamento de conteúdos ou a uma pane semiológica dos relatos. Ela surge como sintoma de algo subterrâneo, algo que o conceito

---

está a *disinformation*. Em seguida, a pesquisadora estabelece os sete tipos de desinformação. Os sete tipos são: sátira ou paródia (que não carregam a finalidade de desinformar, mas podem gerar esse efeito em certos públicos), falsa conexão, conteúdo enganoso, falso contexto, conteúdo impostor, manipulação de contexto (exemplo de *malinformation*) e, por fim, conteúdo fabricado. Wardle, Claire. Understanding Information Disorder. *First Draft*, Sept. 22, 2020. Disponível em: tinyurl.com/3w3zn4xw. Ver também: Pimenta, Angela. Claire Wardle: Combater a desinformação é como varrer as ruas. *Observatório da Imprensa*, 14 nov. 2017. Disponível em: tinyurl.com/5ys4d3tw. Acessos em: 10 maio 2025.

técnico e aplicável de Claire Wardle não vislumbra, nem pretende vislumbrar.

A desinformação consiste no perfeito oposto de tudo aquilo que temos entendido por informação. Onde esta pavimenta o caminho de acesso à verdade factual, aquela conduz à mentira, à ignorância dos fatos, ao apagamento da realidade e ao negacionismo. Se a informação invoca a razão no sujeito, a desinformação anestesia ou mesmo desativa a razão. Se a informação precisa da velocidade para ser eficaz – seguindo, com isso, os preceitos da modernidade –, a desinformação se vale da velocidade para desfazer os fundamentos modernos da esfera pública. Medições empíricas mostram que os conteúdos desinformativos têm mais alcance e mais rapidez de propagação que o jornalismo.[58] Por meio da desinformação, a esfera pública se desfaz na velocidade da luz.

Mas a desinformação não se reduz à semeadura de desorientação de amplo espectro, assim como não se reduz à corrosão da lógica ou à necrose dos significados. Ela tem uma base mais sólida que os meros conteúdos adulterados. Falei há pouco sobre algo subterrâneo; falarei mais agora.

A desinformação planta seus pés sobre um deslocamento tectônico que vem abalando os fundamentos da cultura política, que entrou em fadiga. As distinções tácitas entre o estatuto do relato factual e o estatuto da retórica opinativa se desfazem. A capacidade compartilhada e coletiva de perceber a verdade factual se esfarela, assim como a textura do domínio político perde o tônus. A própria política se desnatura e se

---

[58] Os primeiros levantamentos bibliográficos da pesquisa encontraram estudos sobre a questão produzidos por pesquisadores sul-coreanos, taiwaneses e de Singapura (Meeyoung Cha, Wei Gao, Cheng-Te Li, 2020), do Paquistão (Qayyum, Qadir, Janjua, Sher, 2019), bem como brasileiros (Meneses Silva et. al, 2020).

deixa substituir por um tipo de tecido ao qual só podemos dar o nome de *fanatismo*. Isto, isto sim, é a *desinformação* – a textura do fanatismo.

Não por acaso, algumas das principais democracias do mundo têm sofrido abalos.[59] Em diversos países, os processos eleitorais democráticos consagram governantes ou bancadas parlamentares que, tão logo empossados, passam a trabalhar pela destruição desses mesmos processos eleitorais democráticos. A democracia passou a gerar a própria negação, numa autofagia. Sem a menor dúvida, há algo de nefasto se movendo por baixo do chão em que pisamos.

Em um artigo publicado em 2022, uma das mais renomadas colunistas do *The Washington Post*, Margaret Sullivan, recuperou Hannah Arendt para expor como os populistas autoritários dissolvem a democracia. O texto tem um título bastante longo, mas bastante direto: "A nova tática de controle da Rússia é aquela que Hannah Arendt apontou há cerca de 50 anos".[60]

Margaret Sullivan lembra uma declaração de Hannah Arendt numa entrevista que concedeu há cinco décadas. A filósofa diz o seguinte:

---

[59] Institutos como V-Dem, Freedom House e Economist Intelligence Unit publicam anualmente pesquisas que aferem o comportamento dos indicadores da democracia e da liberdade de expressão. O panorama mundial vem de declínio em declínio. O Brasil figura entre os piores desempenhos. A ONG Repórteres Sem Fronteiras, bem como a Artigo 19, avaliando os riscos para a imprensa e o patamar da liberdade de expressão, mostram a mesma paisagem sombria.

[60] Sullivan, Margaret. Russia's new control tactic is the one Hannah Arendt warned us about 50 years ago. *The Washington Post*, 11 mar. 2022. Disponível em: tinyurl.com/yducdu7x. Acesso em: 10 maio 2025. Tratei desse mesmo tema no artigo: Bucci, Eugênio. A confusão que favorece a tirania. *O Estado de S. Paulo*, 24 mar. 2022. Disponível em: tinyurl.com/42vmv6ex. Acesso em: 10 maio 2025.

Se todo mundo sempre mente para você, a consequência não é que você acredite nas mentiras, mas sim que ninguém mais acredite em nada.[61]

Na mesma velha entrevista, ela advertia: "Com um povo assim [*ou seja, com um povo que não acredita mais em nada*] você pode então fazer o que quiser".[62]

Pois é exatamente isso que os autocratas fazem hoje, com a ajuda das redes sociais. Para os autoritários, existe um objetivo ainda mais valioso do que fazer com que as pessoas acreditem neles: é fazer com que as pessoas não acreditem em mais nada, em mais ninguém.

Transformar em terra arrasada a malha epistêmica das sociedades democráticas é tarefa prioritária para os novos ditadores e para os que pretendem se tornar ditadores. Para melhor manipular as multidões, eles precisam estraçalhar com todas as referências racionais, factuais ou morais. Sua principal estratégia é atentar contra o saber, contra as instituições do saber e contra a confiança pública nessas instituições. A moral, eles trocam pelo moralismo. A razão, pela fúria. A política, pelo fanatismo.

Nós, no Brasil, conhecemos esse estilo de mando. Temos um aspirante a tirano bem aqui, na nossa terra. Ele não ganha corações selvagens e mentes turvas porque se apresenta como alguém confiável, íntegro e de boa-fé. Ao contrário, ele arrebata adoradores justamente porque mente de modo escancarado e afrontoso. Mente sem disfarces para mostrar que despreza a razão e abomina a verdade factual. É assim que aglomera a turba.

Eis por que os regimes de força – ou os governos que ambicionam ser promovidos a regimes de força – exultam por espalhar falácias. Eles não almejam ter credibilidade. Mentem para agredir. O discurso fraudulento lhes basta para forjar o

---

[61] Sullivan, 2022, tradução nossa.

[62] Sullivan, 2022, tradução nossa.

caldo favorável à autocracia. Sabem que um povo convencido de que a verdade factual não passa de manipulação armada por inimigos aclamará o primeiro facínora que prometer atear fogo em tudo.

O que considero particularmente revelador, além de alarmante, é que o comportamento das forças autocráticas reedita alguns traços – não há outro adjetivo aqui – fascistas. Por certo não estou falando de reencarnações decalcadas do fascismo histórico, conforme o modelo que triunfou na Itália dos anos 1920 e 1930. Estou falando, isto sim, daquilo que Umberto Eco denominou de "fascismo eterno", ou ur-fascismo. Uma das características definidoras do ur-fascismo é precisamente o ódio intransigente à cultura, o mesmo ódio que agora se volta contra nós, contra nós mesmos, nós aqui, contra a instituição da universidade e contra a imprensa. Diz Umberto Eco:

> A cultura é suspeita [*para o ur-fascismo*] na medida em que é identificada com atitudes críticas. Da declaração atribuída a Goebbels ("Quando ouço falar em cultura, pego logo a pistola") ao uso frequente de expressões como "porcos intelectuais", "cabeças ocas", "esnobes radicais", "as universidades são um ninho de comunistas", a suspeita em relação ao mundo intelectual sempre foi um sintoma de Ur-Fascismo. [63]

Não é casual, não é acidental que o poder aja para fechar cursos de comunicação.[64] Trata-se de um projeto de poder

---

[63] Eco, Umberto. *O fascismo eterno*. 2. ed. Tradução de Eliana Aguiar. Rio de Janeiro: Record, 2019. p. 47. O prefixo alemão "Ur-" significa "primitivo", "primordial" ou, simplesmente, "original". Na leitura de Umberto Eco, eu me valho da pesquisa da jornalista Lana Canepa, minha orientanda de mestrado.

[64] Nos dias em que terminava de redigir esta conferência, no final de julho de 2022, recebi a notícia de que a Universidade do Vale do Rio

que nos exclui. Esse é um ataque pessoal: nós somos o alvo. No curso dessa tão falada "guerra cultural",[65] forma-se uma sinergia fantasmagórica entre tecnologia e bestialidade: o fascismo está nos rondando pelas redes sociais. Mas o que terá levado as plataformas digitais a dar preferência ao que desinforma, deforma e desorienta? Por que motivos os líderes da extrema direita antidemocrática se saem tão bem nas tais novas mídias?

Chegamos aqui a uma das interrogações mais terríveis dos estudos da comunicação nos nossos dias. Desde o bonapartismo, no século XIX, a aspiração do governante prepotente é firmar com as massas uma ligação direta, apoiada em afetos tristes, que lhe permita atropelar as mediações constitutivas do estado de direito e impor sua autoridade acima dos outros poderes. No século XIX, contudo, os canais de comunicação a serviço do bonapartista eram bem limitados, primários. Já no século XX, com os meios de comunicação de massa, o velho bonapartismo, então repaginado em fascismo, conheceu a excelência da propaganda. O fascismo italiano e o nazismo alemão, equipados com o rádio e com o cinema, lograram o intento de falar diretamente com o povo. O Duce e o Führer se dirigiam às massas sem intermediários, sem intérpretes, sem filtros. Deu no que deu.

Dos Sinos (Unisinos) acabara de fechar o seu Programa de Pós-Graduação em Ciências da Comunicação, um dos mais bem avaliados do Brasil, com nota 6 na Capes. A Compós publicou uma nota de protesto, como também a SBPC. De nada adiantou. Ao justificar a medida, a Unisinos deu a entender que essa área da pós-graduação seria deficitária. O que aconteceu por lá foi um desmoronamento: doze, de um total de 26 programas de pós da instituição, deixaram de existir. Afirmo que esse fechamento integra a estratégia da desinformação em curso.

[65] Ver: Rocha, João Cezar de Castro. *Guerra cultural e retórica do ódio: crônicas de um Brasil pós-político*. Rio de Janeiro: Caminhos, 2021.

Agora, os meios digitais entregam a mesma encomenda com eficiência ainda maior. Jamais a ligação direta do líder autoritário com as massas esteve tão fácil e tão azeitada. As redes sociais do século XXI são o sonho de consumo do bonapartismo do século XIX e dos fascistas e nazistas do século XX.

O que vem passando sem ser notado, no entanto, é que, há cem anos, o controle dos meios ficava nas mãos do Estado autoritário. Hoje, o controle está diretamente nas mãos do capital – e jamais, como agora, a autocracia e o capital estiveram tão afinados. O mercado dá os parâmetros comunicacionais, não o Estado. Estamos ao sabor do que tenho chamado de Superindústria do Imaginário.[66] O festival de filminhos, memes açucarados e o anedotário bestialógico das correntes no WhatsApp entram numa perfeita simbiose com o ideário fascista, nos termos de Umberto Eco. O modelo comunicacional favorece inercialmente o fascismo.

Por certo, não estou afirmando que a Superindústria faça propaganda explícita do fascismo. Bem ao contrário, nos altares e nos palcos da comunicação social o que anda na moda é a defesa de causas sociais justas, como o combate ao preconceito racial, o enfrentamento do machismo, a defesa do meio ambiente e de modelos sustentáveis de produção e consumo. As intenções, portanto, parecem boas – o que eu reconheço e até aplaudo. O problema, de novo, está mais embaixo, está sob o chão em que pisamos.

Os padrões de comunicação da nossa era, a despeito das intenções supostamente boas, não se articulam pelo argumento racional e não convidam à reflexão. Preferem os apelos sentimentais, pulsionais e sensuais: convidam ao fascínio do

---

[66] Bucci, Eugênio. *A Superindústria do Imaginário: como o capital transformou o olhar em trabalho e se apropriou de tudo que é visível*. Belo Horizonte: Autêntica, 2021.

que abrevia os diálogos e as reflexões. Daí para o elogio de soluções autoritárias é um passo, um pequeno passo.

Dominada pela estética publicitária, a comunicação na Superindústria do Imaginário explora sentimentos e ressentimentos, em prejuízo da verdade factual. Assim, a despeito de causas aparentemente boas, a forma comunicacional repele a interação dialógica. As muralhas entre as bolhas prevalecem, enquanto refluem a razão, os fatos e a ética. Em outras palavras, refluem os fundamentos sobre os quais se assenta a democracia, que só podem ser fundamentos racionais, factuais e éticos.

Esse ambiente comunicacional resulta da fusão entre o melodrama e a celebração plástica da violência. Essa combinação explosiva corrompe todos os propósitos meritórios. Nesse ponto, a comunicação dos nossos dias, de matriz publicitária, carrega em si o DNA da propaganda fascista.

Vejamos a questão mais de perto. Joseph Goebbels, ministro da Propaganda do III Reich, adorava o melodrama inglês, justamente porque esse gênero predispunha a simplificações infantis. Ele elogiava no melodrama o artifício estético que convidava o espectador não a pensar, mas a se deixar levar "pelo coração", como se o coração pudesse amar o nazismo.[67] A propaganda nazista funcionou assim e foi bem-sucedida. Atualmente, vigora a mesma bula. Não importa *o que* se diz: o *como* se diz é idêntico.

Ninguém menos que Adolf Hitler, em seu livro *Mein Kampf* [Minha luta], de 1925, receitou rigorosamente essa mesma fórmula para a propaganda. Hitler escreveu:

---

[67] Um documentário de 2005, cujo texto é integralmente retirado dos diários de Joseph Goebbels, traz várias referências elogiosas do ministro nazista ao melodrama inglês. *Das Goebbels-Experiment* (2005, Alemanha/Reino Unido). Direção de Lutz Hachmeister. Roteiro de Lutz Hachmeister e Michael Kloft. Narração de Udo Samel (alemão) e Kenneth Branagh (inglês).

> Como [...] a sua finalidade [...] [*da propaganda*] é a de despertar a atenção da massa e não ensinar aos cultos ou àqueles que procuram cultivar seu espírito, a sua ação deve ser cada vez mais dirigida para o sentimento e só muito condicionalmente para a chamada razão.[68]

Assim como acontecia sob o fascismo e o nazismo do século XX, também agora, na era digital, as massas extasiadas nas bolhas colhem sua verdade na propaganda. Chamo aqui de propaganda não estritamente a publicidade comercial ou partidária, mas toda sorte de mensagens empacotadas em imagens e textos tão breves quanto superficiais e impactantes, formatadas para seduzir e capturar o desejo da audiência em favor de uma causa, velada ou exposta.

Pois essa mesmíssima prescrição modela as *fake news* e, de resto, toda a Superindústria. As massas só podem se comportar como quem busca líderes e ídolos, mesmo quando a causa aparente é considerada virtuosa. Independentemente do tema em pauta, o público busca sequioso por algum dublê do pai primordial.

Foi isso que Sigmund Freud diagnosticou no livro *Psicologia das massas e análise do eu*, de 1921. As identificações libidinais que as massas mantêm com seus ídolos se caracterizam pelo sentimento mais ou menos próximo ao amor, não pelo pensamento. Se fôssemos invocar Espinosa, diríamos que elas passam pelos afetos e, em especial, pelos afetos tristes. As massas desejam ardentemente ser tiranizadas ou, nas palavras de Freud, desejam "ser dominadas com força irrestrita", pois

---

[68] Hitler, Adolf. *Mein Kampf*. Edição em português, tradutor não informado. [S. l.]: [S. n.], [s. d.]. p. 170. Disponível em: tinyurl.com/2xhnvzvt. Acesso em: 11 maio 2025. Há uma edição, mais rara, impressa no Brasil: Hitler, Adolfo. *Minha luta*. 8. ed. São Paulo: Mestre Jou, 1962. p. 121.

o que as move é uma "ânsia extrema de autoridade e sede de submissão".[69] Arde nelas o desejo intenso – e brega – de se entregar a senhores implacáveis.

Em 1951, Theodor Adorno lançou um artigo chamado "A teoria freudiana e o padrão da propaganda fascista". Ele também não estava preocupado com o fascismo de 1920, mas com a presença de ideais fascistas nos debates públicos no país em que vivia, os Estados Unidos, onde o macarthismo conquistava adeptos. Adorno advertiu:

> Como seria impossível para o fascismo ganhar as massas por meio de argumentos racionais, sua propaganda deve necessariamente ser defletida do pensamento discursivo; deve ser orientada psicologicamente, e tem de mobilizar processos irracionais, inconscientes e regressivos.[70]

A frase descreve com precisão a quase totalidade da comunicação da era digital. Os "argumentos racionais" entraram em baixa. Os "processos irracionais, inconscientes e regressivos", em alta. O entretenimento melodramático, mesclado com a violência, fabrica a desinformação e tende ao fascismo. A desinformação, enfim, esse inevitável produto tóxico da Superindústria do Imaginário, esmigalha as bases da política, da democracia e, no limite, do Estado Democrático de Direito.

---

[69] Freud, Sigmund. *Psicologia das massas e análise do eu e outros textos (1920-1923)*. Tradução de Paulo César Souza. São Paulo: Companhia das Letras, 2011. (Obras Completas, v. 15). E-book. O trecho citado se encontra ao final do Capítulo X: "A massa e a horda primeva".

[70] Adorno, Theodor. W. A teoria freudiana e o padrão da propaganda fascista (1951). *Blog da Boitempo*, 25 out. 2018. Disponível em: tinyurl.com/3dpsf3dz. Acesso em: 10 maio 2025. (Publicado originalmente em: *Margem Esquerda*, n. 7, 2006. Tradução de Gustavo Pedroso.)

Terceiro fôlego, ou conclusão: a comunicação no centro do capitalismo

Para concluir, quero sustentar três teses. Na primeira, afirmo que a comunicação, diferentemente do que se viu no passado, ocupa hoje o centro do capitalismo e das estratégias do poder. É isso que favorece fortemente a desinformação generalizada e generalizante. Minha segunda tese propõe que o olhar se converteu em força de trabalho, o que nos ajuda a entender como opera o capitalismo cujo centro é a comunicação. Na terceira tese, a ideia central é que os trabalhadores do olhar, os olhantes, foram escravizados pelo capital que fabrica o Imaginário.

Passo à primeira tese. A comunicação não é uma atividade secundária em relação aos domínios do Estado e da economia. A comunicação não cumpre o papel acessório de estabelecer trocas de mensagens entre polos que lhe são exteriores. Ao contrário, sendo linguagem, ela constitui os sujeitos e os polos que interliga. A comunicação não é somente a espuma vistosa de uma tal "superestrutura", não é só um instrumento de sedução e doutrinação – ela está no centro de gravidade das relações de poder, especialmente o poder autocrático, no centro do modo de produção do Imaginário e, enfim, no centro do capitalismo.

Isso mesmo: no centro do capitalismo. Quais são as empresas mais valiosas do planeta? A Apple, a fabricante de computadores, telefones e *softwares*, tornou-se em 2022 a primeira empresa da história a alcançar o valor de três trilhões de dólares.[71] Em julho de 2021, as cinco maiores *big techs*

---

[71] Leswing, Kif. Apple becomes first U.S. company to reach $3 trillion market cap. CNBC, Jan. 3, 2022. Disponível em: tinyurl.com/4jb24k4n. Acesso em: 9 jun. 2022.

(Apple, Google ou Alphabet, Amazon, Microsoft e Meta) bateram, juntas, o valor de 9,3 trilhões de dólares.[72]

Agora, a segunda tese: o olhar virou uma forma de trabalho. É fácil demonstrá-la. Basta que nos perguntemos: por que será que as *big techs* deixaram velhas gigantes como a General Electric comendo poeira? Muito simples: porque a General Electric fabricava mercadorias físicas, e as *big techs* fabricam imagem e linguagem. O capitalismo deixou de ser primordialmente um modo de produção de coisas corpóreas para se tornar um modo de produção de imagem e de signos. Os computadores da Apple não são seu produto final, mas um meio. O negócio da Apple e de outras *big techs* é a exploração do olhar (dos seus usuários) para a fabricação de Imaginário. Fala-se muito, e com boa dose de razão, que esses conglomerados fazem dinheiro com extrativismo dos dados pessoais, mas o extrativismo dos dados pessoais, operado pelos computadores, *hardwares* e *softwares*, precisa também ser visto como um meio. Por meio dos dados, os conglomerados compõem seus bancos que contêm o circuito secreto do desejo de cada indivíduo e, de posse disso, afinam suas pontarias e seus mecanismos de retenção do olhar. O olhar entra como força produtiva na fabricação de signos e imagens. Quando observamos que a comunicação já não interpela o sujeito pela razão, mas pelo desejo, deveríamos atentar para a nova estrutura do capitalismo, na qual a mercadoria interpela o sujeito pelo desejo, não mais pela necessidade. É aí que crescem, nas palavras de Adorno, os "processos irracionais, inconscientes e regressivos".[73] Tudo isso se processa em proveito da maximização da exploração

---

[72] Salmon, Felix. Giant earnings growth for the world's largest companies. *Axios*, July 29, 2021. Disponível em: https://bit.ly/3AVNDeF. Acesso em: 30 set. 2021.

[73] Adorno, 2018.

do olhar que fabrica imagens e signos. O mesmo processo de exploração do olhar é mais visível em plataformas sociais como Facebook ou YouTube, mas comparece ao coração do negócio de cada uma das *big techs*, mesmo naquelas que só vendem bens de consumo, como a Amazon, ou nas que fornecem equipamentos e *softwares*, como a Apple. A primeira tem o maior *data base marketing* (acervo de circuitos individuais do desejo) de que se tem notícia; a segunda desenvolve o que poderíamos chamar de "bens de capital" da Superindústria do Imaginário, com seus *gadgets* que são empregados em todas as relações de produção e de consumo de Imaginário.

Fomos treinados a entender o olhar como um polo receptivo, como se fosse a janela pela qual a publicidade insidiosa fisga a imaginação do espectador. Nada mais equivocado. O olhar é uma força ativa, produtiva, que tece os sentidos na grande tela do Imaginário. O olhar dos consumidores trabalha como se apenas contemplasse. Inconscientemente. O olhar cimenta os sentidos do visível.

Os trabalhadores do olhar na Superindústria do Imaginário são os olhantes – e eles têm um valor econômico que desconhecem. Eis por que as empresas mais valiosas da história do capitalismo são os conglomerados monopolistas globais, as tais *big techs*, que se ocupam prioritariamente da canalização e da comercialização do olhar.

Finalizando, chego à terceira tese, na qual aponto um formato superior de escravização.[74] O chamado "usuário"

---

[74] Eu empregaria desavisadamente o termo "escravidão", mas o professor Vitor Blotta sugere "escravização". Meu colega e parceiro no PPGCOM da ECA-USP e no grupo de pesquisa Jornalismo, Direito e Liberdade, ele alerta, após ler a primeira versão deste texto: "Eu usaria 'escravização' do olhar porque escravidão designaria todo o sistema e toda ideologia baseados no trabalho escravo, histórica e geograficamente determinado". Blotta fez ainda outra observação:

se diverte nas telas eletrônicas, certo de que desfruta graciosamente de funcionalidades criadas para lhe dar prazer. Sem saber, trabalha de graça – não trabalha apenas quando "posta" isso e aquilo, quando digita, ou quando entrega de graça os seus dados para os anunciantes e para as empresas de propaganda política, mas quando, com seu olhar, assimila as induções significantes e cimenta os significados na grande tela do Imaginário. Ele é a mão de obra escrava do olhar, ele é a matéria-prima gratuita e a mercadoria. Esse novo formato de escravização é o negócio mais lucrativo de toda a história do capitalismo.

A comunicação é o próprio modo de produção da Superindústria do Imaginário. Os meios de comunicação são os meios de produção de Imaginário. Que esse modo de produção expulse de seus fluxos o "trabalho do pensamento" e a verificação criteriosa dos fatos vem como uma resultante lógica. Só o que conta são as sensações, as identificações libidinais e as estesias pré-fabricadas. Aí, a desinformação encontrou o seu melhor canteiro. Se a informação era definida como um conteúdo transmitido de um emissor a um receptor e pressupunha um modelo de comunicação ordenado, estável e previsível, a desinformação só pode ser entendida não como um conteúdo, mas como o ambiente que desagrega os conteúdos e desativa os sentidos técnicos, éticos e estéticos da comunicação. Se a informação requer máquinas e circuitos organizados que funcionem, assim como requer infovias desimpedidas, a desinformação embaralha as infovias e compromete o funcionamento da máquina. A desinformação é instável, entrópica, desordenadora e desestruturante. A

"Eu exploraria mais as dimensões dessa escravização, que como a escravização histórica viola o corpo, a identidade e a história, desumanizando os indivíduos, os povos e as culturas". Em estudo futuro, pretendo cuidar dessas dimensões que ele sugere.

desinformação barra (obstrui, quase ao ponto de interditar) a comunicação entre seres humanos.

Mais do que nunca, os estudos do nosso campo se fazem imprescindíveis. A teoria é vital. A palavra é vital. A enfermidade da democracia é a pane da comunicação na democracia. É disso que se trata. A civilização jamais dependeu tanto dos estudos críticos das Ciências da Comunicação como depende agora.

Capítulo 3
A cultura se desgarra da experiência do comum: quatro sintomas e uma teimosia[75]

Para Maria Arminda do Nascimento Arruda
e Luiz Milanesi.

Há coisa de uma semana, eu passava a pé por um desses estacionamentos da USP, sob a sombra das tipuanas, e dei de cara com um automóvel que me chamou a atenção. Era um utilitário de rodas grandes, um SUV, com aspecto de jipe militar. No vidro lateral, um adesivo em azul e amarelo, com um *slogan* que me permito reproduzir aqui:

A aventura começa quando a civilização moderna termina!

No cantinho superior esquerdo, o logotipo de uma marca de cigarro. Fotografei na hora. Ali estava escrito tudo ou quase tudo o que precisamos saber sobre o estado presente da cultura, cada vez mais envolvida pelos tentáculos do entretenimento e pela publicidade – esta, mais do que nunca, se apresenta como fonte de sabedoria e como baliza de liberdade e de felicidade. Enquanto isso, o signo da civilização vai se tornando um ente pálido, sem graça, desprovido de qualquer

---

[75] Conferência apresentada no Seminário USP Pensa Brasil, em 3 de outubro de 2023, no Auditório da Biblioteca Mindlin, na USP, com o título de "A cultura contra a experiência do comum: quatro sintomas e uma teimosia". Para a publicação neste livro, o texto passou por pequenas correções.

tipo de contentamento e de felicidade corporal: um signo do não-viver. Tanto é assim que, ao menos segundo a crença inscrita nas palavras do vidro do utilitário estacionado na USP, o contato com a natureza é impossível nos marcos da civilização. Para viver – e viver com "aventura" – é preciso fugir da civilização: a liberdade e a felicidade só começam quando ela termina.

Não se trata de uma retomada do "bom selvagem" de Rousseau. O que temos agora, no discurso publicitário de marcas de cigarro que patrocinam campeonatos *off-road*, é um chavão muito mais primário, meio *nonsense* ou mesmo absurdo. O sujeito que acredita no chavão não suspeita, nem de longe, que a ideia que ele faz de "aventura" não nasceu numa árvore pré-histórica. Ao contrário, foi gerada no que ele chama de "civilização moderna". O motorista do 4x4 não percebe que, no momento exato em que "termina" a "civilização moderna" (e ele imagina que a "civilização moderna" deixa de existir mais ou menos ali onde termina a estrada asfaltada), a "aventura" que tem início é um enredo que está na cabeça dele, forjada e formada pela "civilização moderna". Ele não sabe, e não saberá nunca, que esse enredo não tem nada a ver com natureza nenhuma. O enredo que ele carrega na cabeça é um bordão publicitário. Quem vai mergulhar na suposta "aventura" é a precária subjetividade que o define, confeccionada pela "civilização moderna". Esse pobre sujeito não tem nada do velho "bom selvagem". Nada. A "aventura" que o fascina não passa de uma fantasia neurótica, típica de um consumidor urbano... moderno.

Em poucas palavras, a sede de ir além do espaço civilizado aparece, nessa propaganda em forma de adesivo, como um *constructo* cultural regressivo, que promete o êxtase movido a combustão do óleo diesel. Temos aí o discurso do entretenimento mecanizado e poluente. Temos aí um dos muitos subprodutos predatórios da "civilização moderna".

E por que trago essa história? A resposta é simples. Nesse desejo de retorno à natureza selvagem que não passa de um passeio na zona rural, eu vejo um retrato da inversão violenta do sentido da palavra "cultura". O ideal de liberdade virou antônimo de civilização, justamente daquela civilização que nos assegurou algum grau de liberdade – inclusive a liberdade de passear de jipe (um jipe, claro, que só poderia ser fabricado a partir da divisão de trabalho da civilização). Nessa inversão da cultura, encontraremos traços infantis, violentos e fundamentalistas – fundamentalistas porque não convivem bem com argumentos contrários. Na cultura cujos vetores civilizados se invertem, a experiência do comum cai em desprestígio e a civilização vira um mal a ser abandonado de uma vez por todas.

A palavra "cultura", como bem sabemos, tem origem no verbo latino *colere*, que significava cultivar e cuidar – de plantas, animais e outros elementos ligados à terra e à agricultura. Depois, ainda na Roma Antiga, o termo, ainda ligado à ideia de "cuidar", passou a se aplicar à educação das crianças. Mais tarde, o substantivo "cultura" se associou ao cultivo das ideias, à busca do conhecimento, ao aprimoramento pessoal, à erudição, à formação do gosto, ao desenvolvimento do espírito, à valorização das artes e, não nos esqueçamos, às práticas sociais e ao convívio em torno de tudo aquilo que nos é *comum*.[76] Isso mesmo: comum. Em seu uso mais convencional, o substantivo "cultura" tem laços com o que é comum, com o que compartilhamos, com o que é de todos e todas, como a língua. Entendemos também que a cultura se torna mais forte quanto mais gente ela inclui e representa, como a democracia. Nos nossos dias, no entanto, somos instados a ver na cultura o oposto de muitos desses significados. É sobre

---

[76] Para algumas noções iniciais das origens do sentido contemporâneo da palavra "cultura", ver: Williams, Raymond. *Palavras-chave*. São Paulo: Boitempo, 2007. p. 117 ss.

esses opostos que venho falar. Em resumo, vim aqui para dizer que a cultura se voltou contra o comum.

E, quanto à noção do que seja o comum, tomo por base as formulações que instruem e inspiram nosso seminário, a edição de 2023 do USP Pensa Brasil. No programa do nosso evento, lemos que a construção do comum é a via de superação das fissuras, das fraturas e das fragmentações que nos segregam. Cito o programa:

> A construção do comum no Brasil [...] deve enfrentar a fratura econômica, política e cultural existente no país.

Em seguida, o texto-base do USP Pensa Brasil 2023 sugere que a "nação" há de ter "contornos mais amplos do que as fronteiras político-ideológicas", e que "construir o comum na diversidade" é uma meta que se realiza "a partir de uma experiência de pertencimento e corresponsabilidade na elaboração de um projeto de bem-estar coletivo para os brasileiros, com respeito às diferenças sociais e culturais".[77]

Pois esse comum vem sendo bloqueado pela cultura da publicidade, do entretenimento e dos chavões primários e prepotentes. A cultura mudou de lado. Como escreveu a professora Maria Arminda do Nascimento Arruda, estamos "numa sociedade dominada pela tecnologia e pela ventriloquia das redes sociais".[78] Creio que podemos radicalizar essa ideia – com a qual concordo – e levá-la ainda mais longe. Podemos afirmar que a

---

[77] Conforme a síntese a mim enviada pelo professor Alexandre Macchione Saes, diretor da Biblioteca Brasiliana Guita e José Mindlin, da USP, e coordenador curatorial do evento, "a instituição de 'comuns' é abrir disponibilidade para as pessoas dos meios materiais e imateriais necessários a suas atividades coletivas – não, portanto, como propriedade privada ou como propriedade estatal".

[78] Arruda, Maria Arminda do Nascimento. Golpe na cultura: intelectuais, universidade pública e contextos de crise no Brasil. Palestra realizada

cultura foi sequestrada e recrutada para combater o comum. Mais do que dominada pela tecnologia, ela se encontra tiranizada pela técnica e pelo capital – forças que sabotam o comum. Olhemos em volta. Estamos às voltas com o trumpismo, com o bonapartismo redivivo, com formas sortidas de fascismos regurgitados, com negacionismos, ódios e intolerâncias. O que é tudo isso senão a inversão da cultura? Quanto ao comum, este se desmancha na obsessão pelo gozo delirante que começa apenas onde a "civilização moderna termina".

Para demonstrar o que afirmo, vou expor quatro sintomas gritantes da nossa era. São eles:

1. O entretenimento fundamentalista.
2. O infantilismo totalizante.
3. A violência ritualística.
4. A máquina como sujeito de linguagem.

Por fim, tratarei da teimosia, mas apenas de passagem.

O entretenimento fundamentalista

O entretenimento não é, como se supõe, o simples comércio de passatempos: é uma atividade industrial, um chão de fábrica fincado no Imaginário. Não tem nada de "pós-industrial", nada de "setor de serviços": é relação de produção. O entretenimento é produção de signos, de narrativas e de linguagem a partir da exploração dos corpos, do olhar e do desejo.[79] Em seu estágio atual, ele pode ser visto como uma

---

em seminário organizado pelo Grupo de Estudos de Sociologia da Cultura: Objetos e Perspectivas, em 9 de dezembro de 2016.

[79] Tenho sustentado que o entretenimento funciona como o maior dos reatores nucleares que movem a Superindústria do Imaginário (Bucci, 2021).

"fase superior" da sociedade do espetáculo, de Guy Debord. E a sociedade do espetáculo, por sua vez, só podia ser compreendida como fase superior em relação ao que Adorno e Horkheimer designaram como "indústria cultural". "O Espetáculo", dizia Debord, "é o capital em tal grau de acumulação que se torna imagem".[80]

Esse capitalismo, em vez de fabricar objetos, fabrica os signos que conferem sentido para homens e mulheres sem sentido. A mercadoria é em primeiro lugar um signo – e, apenas subsidiariamente, é coisa corpórea. Um par de óculos, um pacote de café *gourmet*, um par de tênis, um frasco de repelente contra insetos ou uma metralhadora são veículos que entregam sentido para o sujeito. A essência do valor das mercadorias, no entretenimento e no capitalismo do nosso tempo, reside prioritariamente na sua condição de signo.[81] É a forma mercadoria em seu apogeu.

O entretenimento entrelaça os prodígios da técnica aos desígnios do capital. O problema é que esse triunfo da técnica, no grau de complexidade que alcançou, supera nossa capacidade de sentir e de pensar – por isso, à revelia dos seres humanos, encontrou espaço para inverter as razões e os propósitos da cultura. Aquilo que fazemos com nosso trabalho e nosso olhar se tornou tão formidável, tão imenso e totalizante,

---

[80] Debord, Guy. *A sociedade do espetáculo*. Tradução de Estela dos Santos Abreu. Rio de Janeiro: Contraponto, 1997. p. 25.

[81] O entretenimento atua no mundo como um discurso, ou, mais propriamente, como um superdiscurso. Por meio dele, o capital não mais se dirige às necessidades humanas, mas ao desejo. Não explora apenas a força de trabalho de músculos humanos, mas explora primordialmente o olhar. O entretenimento se alimenta da imaginação domesticada, empobrecida, alienada e castrada. Só assim viabiliza o extrativismo de dados pessoais, que retroalimentam o modelo: os dados extraídos ajudam na calibragem das técnicas de exploração do olhar, de captura do desejo e de manipulação econômica, religiosa e política.

que quase não conseguimos mais refletir sobre tamanho gigantismo. Como disse Günther Anders há cinquenta anos, "nós, enquanto seres que sentem, não estamos mais à altura de nossas próprias ações, porquanto elas jogaram para escanteio aquilo que antes podíamos fazer".[82]

Sendo técnica e sendo capital, o entretenimento engole tudo o que o levou ao posto de buraco negro da cultura. Além da literatura e das artes, também as religiões despencam dentro dele. As operações estéticas que eram realizadas nas artes viraram procedimentos automáticos e fungíveis na oferta de diversões públicas. As religiões têm o mesmo destino. O entretenimento se oferece na forma de uma nova religião – e dele se extraem as formas específicas das religiões específicas que disputam mercado no imaginário superindustrial. Seu dogma essencial é o individualismo sem limites e seu rito maior é a adoração da mercadoria. O entretenimento é uma religião sem comunhão, sem possibilidade de comunhão. A turba violenta pode ser admitida, as identificações libidinais podem ser aceitas, as multidões entorpecidas também, mas a comunhão se tornou impossível.

---

[82] O texto foi traduzido por Felipe Catalani e publicado no Brasil, em 2023, pela Elefante. Anders, Günther *Nós, filhos de Eichmann*. São Paulo: Elefante, 2023. p. 25. Temos de levar em conta, ainda, que o entretenimento, sendo técnica, atua feito máquina e, como tal, age sistemicamente – no sentido que Jürgen Habermas deu a essa palavra. Ele é um ator estratégico: não é dialógico, nem deixa florescer o que seja dialógico. Tornado superindústria, instrumentaliza a linguagem e coloniza a cultura, travando o que Habermas chamou de "ação comunicativa". Habermas diz: "O conceito de ação comunicativa pressupõe a linguagem como um meio dentro do qual tem lugar um tipo de processo de entendimento em cujo transcurso os participantes, ao se relacionarem com um mundo, se apresentam uns diante dos outros com pretensão de validade que pode ser reconhecida ou posta em questão" (Habermas, Jürgen. *Teoría de la acción comunicativa*, v. 1, p. 143. Tradução nossa). O entretenimento, eu postulo, funciona em oposição à "ação comunicativa".

As formas coletivas só aparecem como farsa. Vou dar dois exemplos flagrantes.

1. As torcidas de futebol escorrem pelas ruas em cortejos que às vezes lembram procissões. São réplicas na forma e farsa no conteúdo. São contingentes de massas consumidoras excitadas, são fiéis de seitas que competem entre si. Formas tribais, com aspecto de agrupamentos religiosos, mas formas vazias.
2. Multidões de adultos acorrem aos parques temáticos da Flórida para reverenciar ídolos que são personagens da ficção, como o mestre Yoda, da saga *Guerra nas estrelas*. São peregrinações, ou réplicas de peregrinações, mas são igualmente vazias, sem transcendência possível.

Se sairmos das multidões, encontraremos inúmeras outras provas da sacralização da indústria da diversão. Dia desses, o vice-presidente da República, Geraldo Alckmin, gravou um vídeo para mandar uma saudação aos participantes de um campeonato de caratê. Para dar um quê de rebuscamento erudito ao seu pronunciamento, ele citou uma fala do Sr. Miyagi, um personagem do filme *Karatê Kid* (Estados Unidos, 1984, dirigido por John G. Avildsen), interpretado pelo ator Pat Morita. Eis aqui a frase que ele declamou:

> A vida pode te [sic] derrubar, mas você decide quando é hora de levantar [sic].

Alckmin parecia circunspecto, como se reproduzisse o ensinamento de um líder espiritual, mas falava apenas de uma figura do entretenimento.[83] E não está sozinho nisso. São filmes,

---

[83] O vice-presidente Geraldo Alckmin (PSB) publicou sua saudação num vídeo em suas redes sociais, no domingo, 17 de setembro de 2023, dando parabéns a caratecas que participaram do 30º Campeonato Brasileiro de Karatê Interestilos, realizado em São Paulo com a participação de

e não mais igrejas, que editam as preces das massas. Diálogos dos filmes da série *O poderoso chefão* (de Francis Ford Copolla) cumprem as vezes de receita de autoajuda em palestras corporativas e entrevistas de celebridades. Todo mundo aqui já viu isso. Aliás, a gente vê isso todos os dias.

À medida que a cultura vai se reduzindo a esse fundamentalismo do individualismo e da mercadoria, deixa de ser cultura para se converter em anticultura, ex-cultura, incultura. Reconfigurada em entretenimento, a cultura é a negação do que teria sido, do que deveria ser e, mais ainda, ela é a *negação do comum*.

Junto com a noção do comum, a noção de público também se desfaz. É o consumo, e nem tanto a política, quem se voluntaria para resolver as demandas por direitos, como observou, há um bom tempo, Néstor García Canclini.[84] O entretenimento, num contexto que Roger Garaudy definiu como "monoteísmo do mercado",[85] vira religião para monopolizar o espírito à medida que o atrofia.[86]

A modernidade primou por laicizar o universo da cultura, de modo a democratizá-lo. Agora, em reverso, como bem observou uma grande amiga, vemos um revés regressivo, o que

---

três mil atletas. Disponível em: tinyurl.com/4bbntf2k. Acesso em: 11 maio 2025.

[84] "Homens e mulheres percebem que muitas das perguntas próprias dos cidadãos – a que lugar pertenço e que direitos isso me dá, como posso me informar, quem representa meus interesses – recebem suas respostas mais através do consumo privado de bens e dos meios de comunicação de massa do que das regras abstratas da democracia ou pela participação coletiva em espaços públicos" (Canclini, Néstor García. *Consumidores e cidadãos, conflitos multiculturais da globalização*. Rio de Janeiro: Ed. UFRJ, 1995. p. 30).

[85] Garaudy, Roger. *Rumo a uma guerra santa?* São Paulo: Zahar, 1995. p. 159.

[86] Eu mesmo, a esse propósito, já propus a fórmula do "espírito artificial" em conferência no Clico Mutações, organizado por Adauto Novaes em 2023, mencionada em nota anterior.

leva um toque de ironia: o novo fundamentalismo, próprio da religião do entretenimento, sacraliza o profano e ergue seus altares para a adoração da mercadoria, uma entidade irremediavelmente mundana mas supostamente miraculosa.[87]

Se o espírito, nas palavras de Paul Valéry, elabora "valores superiores" por meio do pensamento, da linguagem, da inteligência e da razão, o entretenimento providencia uma espécie de tábua vulgarizada dos valores de consumo rápido. Não há mais "valores superiores", apenas valores dominantes.[88]

Quanto, das religiões que sobrevivem, precisam se oferecer como atrações fáceis aos consumidores de sensações e de emoções pré-fabricadas. Só vale o que pode ser ensinado em um minuto, ou dois. As igrejas que sobrevivem disputam fiéis com programas de auditório no horário nobre da televisão. Como resultado, a autonomia que pensadores como Max Weber

---

[87] Essa, por assim dizer, antimodernidade nos cobra um preço adicional. Como observou Maria Rita Kehl, com base na obra de Jacques Lacan, onde o superego ordenava "não gozes", o Imaginário do nosso tempo ordena o contrário: "goza". A Ordem do Simbólico, que estabelece a lei e a interdição primordial, cede espaço para a Ordem do Imaginário, que, em lugar de autorizar, impõe o gozo – mas o gozo da servidão à mercadoria. Nos paraísos artificiais do imaginário, o entretenimento dita a nova lei. Escreve Maria Rita: "O superego (ou supereu) para Lacan não é apenas aquele que exige: "não goza!" [o superego de Freud, ou seja, o que representa a ordem baseada na repressão], mas simultaneamente o que nos impõe: "goza!". [...] A norma que rege o código da rede imaginária não é outra que o imperativo do gozo, e neste caso o discurso televisivo, revestido da autoridade de código social, exige a mesma coisa: o gozo, a plenitude, a locupletação" (Kehl, Maria Rita. Imaginar e pensar. In: Novaes, Adauto [Org.]. *Rede imaginária: televisão e democracia*. São Paulo: Companhia das Letras, 1991. p. 66).

[88] "Dos afetos da alma, dos divertimentos e dos sonhos, [*o espírito*] erige os valores superiores" ["*Des affections de l'âme, des loisirs et des fêves, l'esprit fait des valeurs supérieures*"], tradução nossa. Valéry, Paul. La politique de l'esprit. *In: La crise de l'esprit, La politique de l'esprit, Le bilan de l'intelligence*. [S. l.]: Las Editions AOJB. *E-book*.

viam na esfera religiosa simplesmente desaparece. Ou as religiões se rendem à forma entretenimento ou morrem. E isso é assim porque o entretenimento se tornou um centro de gravidade da incultura fundamentalista.

O infantilismo totalizante

Não gostaria que o cenário que descrevo aqui fosse entendido como um desfecho fatal. Embora a inexorabilidade seja um fator real, não é bem isso que pretendo dizer. Não creio que estejamos condenados ao jugo do individualismo e da mercadoria sem nenhuma chance de escapatória. Há chances. Elas estão no pensamento, na arte – hoje um exercício quase impossível – e na ação política compartilhada, coletiva. A chance está na construção do comum.

Os lugares do pensamento, como a filosofia, impõem barreiras ao capital, que em nossa era se apresenta como sacralizante, atraente e divertido. A arte, que por definição existe para estabelecer o contraste com o conservadorismo típico da cultura, nos termos do grande pensador Teixeira Coelho (1944-2022), também cumpre esse papel.[89] A arte, quando possível, desencadeia rupturas de sentido e desarranja o que era já sabido, desde que não se renda por inteiro ao entretenimento, por mais que tenha que negociar com ele. A mesma coisa a gente pode dizer da ação política partilhada: por tender à democracia, ela pode reunir os meios de conter o que desativa o domínio do comum.

O entretenimento instaura uma espécie de morte em vida para a imaginação – instaura uma natureza-morta literal –, mas o pensamento, o gesto criador e os movimentos políticos

---

[89] Coelho, Teixeira. *A cultura e seu contrário: cultura, arte e política pós-2001*. São Paulo: Iluminuras; Itaú Cultural, 2008. Ver especialmente p. 117 e seguintes.

em dimensão coletiva, na busca das liberdades e dos direitos, estes se movem em sentido contrário. Os seres humanos seguem buscando a expansão do existir e, por desdobramento, geram conquistas autênticas e reais. Há vitórias contra o racismo, contra o machismo, contra a sanha destrutiva do capitalismo. Há vitórias ambientais e vitórias contra a opressão. Um adolescente, hoje, num país em que vigorem algumas poucas garantias democráticas, é mais livre do que eram os adolescentes de cem ou de duzentos anos atrás. São fatos irrefutáveis.

Infelizmente, contudo, são fatos sitiados. Os grilhões do capital se sofisticaram e se tornaram mais eficientes, avançando com celeridade sobre o tecido da cultura. Existe o embate entre forças simbólicas opostas – como que num enfrentamento entre significantes –, mas as ações pensantes que buscam expandir a liberdade e conferir materialidade aos direitos são francamente minoritárias, quando não meramente laterais. A resultante nos é desfavorável.

Basta ver o que se passa com a *infantilização do mundo*. Onde o individualismo e a mercadoria predominam, a infantilização gozosa é uma tendência. Nessa passagem, volto ao mesmo SUV que encontrei num estacionamento na USP. Havia um segundo adesivo, bem ao lado do primeiro, com dizeres também reveladores:

> A diferença entre homens e meninos é o tamanho dos seus brinquedos.

Nada mais irrefutável, desgraçadamente. É como crianças vaidosas que os adultos com algum dinheiro lidam com seus automóveis, seus aviões e seus tanques de guerra. É como criança mimada ou ressentida que os adultos com algum poder lidam com suas ogivas nucleares. É como quem se diverte que adultos que se imaginam defensores de uma causa meritória depredam a sede dos poderes da República. Não nos esqueçamos do manifestante que, enquanto corria solta a quebradeira no Palácio do Planalto, gravou um vídeo expressando sua delícia: "Isto aqui é melhor que um *show* de *rock*".[90]

Sim, a guerra pode servir de brinquedo. Em *Lawrence da Arábia*, obra-prima de David Lean, lançado em 1962, há uma cena que ensina sobre a matéria.[91] Numa reunião com chefes beduínos, Lawrence (Peter O'Toole) tenta convencer o sheik Auda abu Tayi (interpretado por Anthony Quinn) a tomar de assalto o Porto de Aqaba. O sheik resiste. Quando já não tem mais argumentos, Lawrence começa a jogar a toalha: "Então Auda não virá conosco para Aqaba. Não por dinheiro". O sheik se limita a grunhir: "Não." Lawrence prossegue: "Não por Faiçal" [*líder nacionalista árabe, que seria rei do Iraque entre 1920 e 1933*]. Auda se mantém rabugento: "Não." Lawrence persiste: "Nem para expulsar os turcos". Auda fica a escutá-lo, mas sem reação. Aí, Lawrence desfere seu xeque-mate. "Auda virá conosco porque esse é o seu grande prazer". Diante dessa fala, o olhar do sheik Auda abu Tayi, fixo no seu interlocutor, ganha um brilho renovado, mas ainda furioso. Corta. Na cena seguinte, lá estão os dois, exultantes, cavalgando armados, com tropas, rumo a Aqaba. A guerra se faz por prazer.

Não há nada de errado com adultos que se divertem, mas quando matar outros seres humanos vira uma brincadeira

---

[90] As imagens desse depoimento indiscreto foram ao ar na edição do *Jornal Nacional* de 13 de janeiro de 2023. Ver: Empresário do interior de SP tira foto deitado em poltrona durante invasão à Praça dos Três Poderes: "Melhor que show de rock". G1, 10 jan. 2023. Disponível em: tinyurl.com/mamx9eku. Acesso em: 11 maio 2025.

[91] Sim, eu sei que o filme ganhou seus prêmios Oscar no templo máximo do entretenimento, mas era também, contraditoriamente, uma obra de arte. São contradições com as quais temos que lidar. E cito o filme, por favor compreendam, não como um mantra da autoajuda, mas como atestado do sintoma da infantilização.

excitante, a gente deveria parar para pensar, não apenas sobre genocídios, mas mais ainda sobre infantilização e prazer.

Mudo de filme para não mudar de assunto. Em julho de 2023, estreou, com bilheterias pantagruélicas, uma produção deveras sintomática: *Barbie* (Estados Unidos, dirigido por Greta Gerwig). Fãs em trajes cor-de-rosa acorriam às salas de exibição como num movimento de massas em clima de faz de conta.

Segundo se depreende da biografia *fake* da boneca, crescer é deixar de ser um brinquedo de criança para se tornar uma criança grande em corpo de adulto: criançona sentimentaloide e chorona. O filme evoca *Alice no País das Maravilhas*, *Pinóquio* e *Peter Pan* para remixá-los numa fábula rebaixada. Quem dá as cartas é a mercadoria, seja quando uma garotinha de dentes de leite se projeta na sua boneca de plástico, seja quando, crescida, essa criança não superará suas fantasias infantis e seguirá brincando com brinquedos maiores.

A infância, segundo *Barbie*, é um deserto onde não há nem desejo nem sexo. Em certas sequências, fiquei com a impressão de que os roteiristas não leram Freud. A protagonista (Margot Robbie) proclama em voz alta que "não tem vagina". Não obstante, mesmo sem ter o referido órgão, ela cumpre o figurino de uma líder feminista – uma feminista de shopping center. O namoradinho dela, o boneco chamado Ken, "não tem pênis", ao menos segundo a mesma protagonista. Não obstante, vira um líder machista. Por adestramento, por imitação, assimila trejeitos de macho tóxico, decora a casa com pôsteres de cavalos de raça e desfila como um vaqueiro de butique, um galã do agronegócio. Inadvertidamente, o filme denuncia o machismo como um efeito da castração. O que para mim não faz a menor diferença.

Com seu hedonismo sem maioridade, o sujeito do mundo infantilizado não faz a passagem do princípio do prazer para o princípio da realidade. Não sabe divisar o fato de que as outras pessoas são diferentes. Não sabe escolher. Para o sujeito infantil, mesmo quando caquético, só a força e a autoridade podem resolver as dificuldades de relacionamento com o outro.

A violência ritualística

Não surpreende, portanto, que a violência seja a matriz da estética dominante, se é que se pode tomar por estética a estilização da violência (talvez estejamos falando aqui de uma protoestética, que regride a formas primárias.) A violência não dá o tom apenas nos *games* de combate, nos filmes de terror, de guerra ou de caratê; não está apenas na pornografia explícita – que viola os corpos para ofertar prazer escópico – ou em suas variantes edulcoradas. A violência aparece também nas coreografias das passeatas e dos protestos partidários, em especial nos da extrema direita (basta ver o 6 de janeiro de 2021, nos Estados Unidos, e o 8 de janeiro de 2023, no Brasil). É violência performática. Dentro dela, a destruição é virtude, é prova de coragem.

A violência adquire assim um estatuto de linguagem. "Mas como?", alguém vai me perguntar. Desde quando a violência pode ser uma linguagem? A dúvida tem sua razão de ser, reconheço. Quando pensamos a política a partir do domínio da razão, somos levados a crer que a civilização só vence a barbárie porque dispõe da linguagem, uma vez que só a linguagem costura entendimentos. Acreditamos também que a guerra eclode onde o diálogo fracassa, e que a paz se tece pela comunicação de boa-fé. Logo, a violência só pode ser o oposto da linguagem, jamais poderia se confundir com a linguagem.

No século XX, entretanto, tivemos de aprender que a violência, quando se expressa na linguagem, como no discurso do antissemitismo, gera mais violência física no plano dos fatos. Do mesmo modo, aprendemos que a cultura da paz requer uma linguagem voltada para a paz. Mais sofrido do que isso foi aprender que a violência, ela mesma, pode se organizar como um encadeamento de significantes que imprimem sentidos sobre o mundo. Parece um contrassenso, mas é verdade: a violência flui *como linguagem*. É nesse ponto que a violência performática atinge sua dimensão ritualística e a cultura passa a servir de canteiro para a semeadura da violência.

A modernidade nos trouxe esses ensinamentos. As guilhotinas em praça pública na Revolução Francesa eram linguagem ritualística. A bomba atômica, erguendo seu cogumelo sobre a cidade de Hiroshima, foi um discurso instantâneo de alcance global. Na Europa, os protestos de rua que quebravam as vitrines da lanchonete McDonald's, um ícone do imperialismo, eram panfletos em forma de coreografia bruta. Os aviões de carreira que torpedearam as Torres Gêmeas em Nova York, em 2001, explodiram num "efeito espetacular".[92] Cadeiras escolares empilhadas bloqueando corredores e portas de instituições de ensino gritam aos olhos, como numa fala que se vê e não se ouve. A violência como linguagem faz barulho, e nada mais se escuta. A isso poderíamos chamar, também, de cultura da violência. Sim, violência pode ser linguagem.

A máquina como sujeito de linguagem

Passemos então aos computadores que aprenderam a falar. Além de calcular, projetar e fazer escolhas baseadas em parâmetros, eles foram ensinados a ler, escrever, escutar, responder e conversar. Loquazes, foram promovidos a agentes de cultura – o que significa, por certo, que são agentes de violências culturais no mundo infantilizado.

---

[92] Em *Bem-vindo ao deserto do real!: cinco ensaios sobre o 11 de setembro e datas relacionadas* (Tradução de Paulo Cezar Castanheira. São Paulo: Boitempo p. 26), Slavoj Žižek defende a polêmica ideia de Karlheinz Stockhausen, para quem os aviões que atingiram o World Trade Center teriam sido "a última obra de arte", pois os terroristas teriam planejado o ataque para causar um "efeito espetacular".

Estávamos acostumados a acreditar que a linguagem – aquela na qual o sujeito se constitui – demarcaria a fronteira entre os humanos e os outros animais. Pois essa ilusão se esfarelou. A inteligência artificial generativa chegou para se afirmar como sujeito de linguagem.

Eu sei que os circuitos eletrônicos e as redes neurais, em cruzamento com o *big data* e o *deep learning*, não funcionam como pessoas feitas de átomos de carbono. No entanto, essas traquitanas são capazes de capturar os mesmos *inputs*, ativar níveis distintos de memória simultaneamente e produzir *outputs* análogos aos nossos. A inteligência artificial, sem se parecer em quase nada com a nossa massa cinzenta, rivaliza com ela e chega a superá-la em muitas tarefas.[93] E, mais ainda, vai se imiscuindo sorrateiramente na forma de que os humanos dispõem para se comunicar.

O historiador israelense Yuval Harari encontrou uma fórmula eficiente para expressar a apreensão que nos atormenta a todos, ou a quase todos. Ele diz que a inteligência artificial "hackeou" o "sistema operacional" da espécie humana. Trata-se de uma metáfora. Aí, "sistema operacional" significa nada menos que a "linguagem".[94] Já o verbo "hackear" quer dizer "tomar posse de forma indevida, criminosa e destrutiva".

---

[93] Valho-me, neste trecho, de parte da minha conferência "O espirituoso espírito artificial", anteriormente mencionada, que apresentei no Ciclo Mutações de 2023, concebido e dirigido por Adauto Novaes, sob o título de "Corpo-Espírito-Mundo". Apresentei essa mesma conferência nas cidades de São Paulo, Rio de Janeiro e Belo Horizonte.

[94] Harari, Yuval; Harris, Tristan; Raskin, Aza. O domínio da inteligência artificial sobre a linguagem é uma ameaça à civilização. *O Estado de S. Paulo*, 28 mar. 2023. Disponível em: tinyurl.com/5ceseyzj. Acesso em: 11 maio 2025. O texto original foi publicado no *The New York Times*, no dia 24 de março de 2023, com o título de "You Can Have the Blue Pill or the Red Pill, and We're Out of Blue Pills". Disponível em: tinyurl.com/kkns8zep. Acesso em 21 maio 2025.

Uma tecnologia capaz de se apossar da linguagem humana tem tudo para tiranizar a cultura e, de resto, tem tudo para encilhar a humanidade inteira. *Chips* e circuitos eletrônicos conversam conosco. Também por isso, a cultura maquinizada se afirma como um desafio a mais na construção do comum. Oxalá o pensamento não entregue os pontos.

Teimosia

Para terminar, faço uma breve consideração a respeito da teimosia. Devo fazê-la porque é preciso teimosia para falar sobre cultura ou para querer ouvir falar de cultura. A que ela foi reduzida em nossos dias? Ela foi reduzida ao entretenimento – em outra frente, foi reduzida à guerra. Sim, a cultura é teatro de guerra. A "guerra cultural" que a extrema direita antidemocrática move contra tudo o que seja livre e solidário evidencia que os bens culturais são manejados como armas letais.[95] Idolatrias, fanatismos e dogmas nos desgrenham em batalhas insanas. Eu sei que os *scripts* dessas batalhas são enfadonhos, mas, acima disso, são bestiais. Haja teimosia, então, para estarmos aqui tentando refletir sobre o que é bestial.

Política cultural? Ora, quem hoje faz política cultural senão as máquinas? Ou, mais exatamente, quem hoje faz política cultural senão a extrema direita antidemocrática, que encontrou sua segunda natureza na natureza passional dos algoritmos, os propulsionadores das identificações libidinais?

Falar de cultura para quê, se as máquinas tomam conta disso? Ou será que temos que falar justamente por isso? Se

---

[95] Ver: Rocha, João Cezar de Castro. *Guerra cultural e retórica do ódio: crônicas de um Brasil pós-político*. Rio de Janeiro: Caminhos, 2021. Ver também, do mesmo autor: *Da guerra cultural ao terrorismo doméstico: retórica do ódio e dissonância cognitiva coletiva*. Belo Horizonte: Autêntica, 2023.

a resposta for "sim", só peço um favor: não falemos sobre "economia criativa". Com essa expressão, o assunto deixa de ser a civilização. Aí, o que entra em pauta são os "nichos de mercado", os "polos inovadores" e as "empregabilidades do setor". Eu não deixo de experimentar certo desalento quando ouço os gestores da cultura falando apenas em "fluxo de caixa", "taxa de retorno", "geração de postos de trabalho" e "recolhimento tributário".

Fora isso, além de não cair nas armadilhas da "economia criativa", precisamos ultrapassar a velha presunção de vê-la como um repertório ativado por uma suposta consciência de classe. É preciso abandonar as fantasias de departamentos de educação popular que adestrariam as mentalidades, mais ou menos como um aparelho formatador de autômatos revolucionários. A velha concepção instrumental a serviço de um ideário autoproclamado "bom" e "justo" pode ter animado a criação de alguns projetos datados, mas não vingaria mais. Isso me lembra, uma vez mais, meu professor Teixeira Coelho, que uma vez se resignou, em sala de aula:

> O único projeto cultural que deu certo pra valer no Brasil foi a integração do imaginário nacional pela televisão.

Ele tinha razão. Essa política cultural foi posta em prática pela força bruta, pelas antenas via Embratel, pela repressão, pela técnica e pelo dinheiro. E hoje política cultural é coisa de algoritmo, é a religião do individualismo, da infantilização e da violência. Não, as coisas não podem seguir assim. Apostemos na teimosia.

Capítulo 4

O jornalismo cercado de entretenimento por todos os lados: o caso George Floyd[96]

No dia 25 de maio de 2020, um trabalhador negro, George Floyd, foi assassinado por um policial branco em Minneapolis, no estado de Minnesota, Estados Unidos. Conforme se comprovaria dias depois, após uma breve disputa entre o laudo pericial da polícia e outro, independente, Floyd morreu por asfixia. Foi imobilizado pelo seu carrasco, Derek Chauvin, que o deitou de bruços, algemado, com o rosto espremido no asfalto, e pressionou o joelho contra seu pescoço. Naquele joelho, Chauvin depositou o peso de seu corpo. "*I can't breathe*" ("Eu não consigo respirar"), sussurrava o homem aprisionado. Apenas sussurrava: sem conseguir tomar fôlego, não conseguia gritar. O policial assassino ficou ali, quase imóvel, com o joelho da lei sufocando o homem por nove minutos. Floyd morreria a caminho do hospital.

Após o crime, protestos explodiram em diversas cidades dos Estados Unidos e, pouco depois, na Europa e em outros lugares. As aglomerações de indignação afrontavam as normas da quarentena, determinadas pelas autoridades sanitárias para prevenir o avanço da pandemia da covid-19. A frase "*I can't breathe*" virou um grito de guerra. "*Get your knee off our neck*"

---

[96] Este ensaio tem origem no artigo "Pandemia e protestos na Instância da Imagem ao Vivo", que publiquei na revista *Observatório Itaú Cultural*, n. 28, p. 52-65, dez. 2020/jun. 2021.

("Tire seu joelho de cima do nosso pescoço"), discursou o reverendo Al Sharpton durante a cerimônia de homenagem a George Floyd, em Minneapolis, no dia 6 de junho de 2020. Os Estados Unidos fervilhavam. Já se passavam onze dias do assassinato, e o país vivia a maior rebelião racial desde os anos 1960.

Naquela década, houve pelo menos dois marcos históricos na luta dos negros americanos por igualdade e justiça. No dia 28 de agosto de 1963, 250 mil pessoas se concentraram em Washington para repudiar as políticas segregacionistas. Foi quando o líder Martin Luther King Jr. proferiu o seu discurso clássico: "*I have a dream*". Quase cinco anos depois, em 4 de abril de 1968, Luther King Jr. foi assassinado num hotel em Memphis com um tiro que o acertou na mesma parte do corpo pela qual George Floyd perdeu a vida: o pescoço. Tinha 39 anos de idade e um Nobel da Paz no currículo. Sua morte acendeu a fúria popular, que deixou um rastro de 43 mortes, 3,5 mil feridos e quase trinta mil prisões.[97]

Houve outras rebeliões depois disso, como aquela de 1992, que se alastrou após o espancamento de Rodney King por quatro policiais brancos.[98] Mas em maio e junho de 2020, a fúria voltou às ruas. Os Estados Unidos ainda não tinham se livrado do pesadelo ancestral do preconceito.

Mas o que fez os protestos eclodirem?

É o caso de perguntar: as jornadas antirracistas que eclodiram no final de maio de 2020 tiveram a força que tiveram porque houve um assassinato covarde de um homem negro (desarmado, algemado, deitado no asfalto) por um policial

---

[97] Ver: Ahrens, Jan Martínez. A chuva que matou Martin Luther King continua caindo sobre os EUA. *El País*, 4 abr. 2018. Disponível em: tinyurl.com/yahw8epv.html. Acesso em: 11 maio 2025.

[98] Ver: Arango, Tim. Violência contra George Floyd faz Los Angeles reviver caso Rodney King, espancado pela polícia. *O Globo*, 03 jun. 2020. Disponível em: tinyurl.com/4b6sutr8. Acesso em: 11 maio 2025.

branco ou porque esse assassinato covarde foi registrado por um celular num vídeo que correu o mundo inteiro na velocidade da luz? O que pesou mais, o crime ou a imagem do crime? Se o fato, o indiscutível fato, tivesse sido narrado apenas em palavras jornalísticas, a reação alcançaria a mesma intensidade?

A indagação procede. Floyd não foi o primeiro a morrer assim. Em Minneapolis, ele foi o 11º na lista dos cidadãos negros mortos por policiais desde 2010, conforme teve o cuidado de anotar a jornalista Dorrit Harazim n'*O Globo*.[99] O que o diferencia dos outros? Mais ainda: o que o diferencia de tantos outros cidadãos negros assassinados pela polícia em tantas outras cidades do mesmo país? O mundo experimentaria a mesma revolta se não pudesse ter visto em *close* o crime horrendo?

Já nos anos 1960, muita gente afirmava que as lutas civis contra a Guerra do Vietnã nos Estados Unidos ganharam força depois que imagens, em fotografias e na televisão, escancararam os horrores perpetrados pelas tropas americanas no Sudeste Asiático. Segundo essas análises, foram as imagens, mais do que as palavras, que caíram feito napalm na opinião pública dos Estados Unidos. Pois, no ano de 2020, vivemos um impacto análogo. O fato chocava, por si mesmo, mas o que tornou esse fato perceptível, aquilatável e acessível foi seu registro num vídeo de celular.

Sendo assim, temos, até aqui, ao menos uma parte da resposta. Sim, a revolta eclodiu porque uma crueldade sádica fora perpetrada contra um cidadão negro desarmado e rendido, mas também, sim, a revolta eclodiu porque o vídeo que a registrou se espalhou como fogo em mata seca.

Somos a civilização da imagem. No dizer menos apressado de Régis Debray, somos "a primeira civilização que pode julgar-se autorizada por seus aparelhos a acreditar em seus

---

[99] Harazim, Dorrit. A era da inocência acabou? *O Globo*, 07 jun. 2020. Disponível em: tinyurl.com/3crpuy45. Acesso em: 11 maio 2025.

olhos".[100] Isso significa que a representação imagética roubou territórios das palavras. As imagens cumprem expedientes de representação que antes pertenciam apenas às palavras. Ao longo do século XX e, de forma intensiva, na segunda metade do mesmo século, com a televisão e com a internet, o modo de representação próprio da imagem avançou sobre o modo de representação próprio do texto. O caso de George Floyd não está à margem desse grande deslocamento da cultura.

Imaginário e Simbólico

De forma um pouco menos vaga, podemos dizer que o grande deslocamento da cultura é, em essência, um deslocamento do Imaginário, que se expandiu, acarretando a hipertrofia das imagens e o encolhimento da letra. No jargão dos estudos da comunicação que vão beber na fonte da Teoria Psicanalítica, o que se costuma dizer é que os processos de significação da Ordem do Imaginário ocuparam franjas da Ordem do Simbólico.

Explico em linhas gerais o conceito de cada uma dessas duas ordens e de que modo a primeira avançou sobre os domínios da segunda. O termo "Imaginário" vem de "imagem", mas a palavra "imagem", nesse caso, não se refere apenas a ilustrações no papel, a esculturas, à decoração das casas, ao paisagismo ou às telas animadas com seus personagens carismáticos. "Imagem", aqui, significa algo além do que se vê com os olhos: significa também aquilo que se vê com a imaginação. Quando uma frase, um texto ou uma sequência de vocábulos bem encadeados leva o leitor a imaginar uma cena, isso aconece como uma operação típica da Ordem do Imaginário.

Todo agrupamento humano, desde a era das cavernas, tem uma dimensão imaginária. A questão é que, no nosso

---

[100] Debray, Régis. *Vida e morte da imagem.* Petrópolis: Vozes, 1993. p. 358.

tempo, o Imaginário tem a prevalência das telas eletrônicas e das mídias digitais – e, muitas vezes, as palavras entram aí como coadjuvantes, apoiando a narrativa das imagens, entrando como se fossem legendas numa revista ilustrada.

Já as operações características da Ordem do Simbólico, nas quais pesam o pensamento, a razão, as abstrações e, sobretudo, as normas de conduta, essas perderam peso. Normalmente, os estudiosos afirmam que o Simbólico é o território dos símbolos linguísticos, ou seja, das palavras, mas esse território não se limita a um amontoado de letras, sílabas e vocábulos. Por meio das palavras, essa ordem ergue suas catedrais, que são os ordenamentos que normatizam a conduta.

Temos aí também os voos do pensamento. Tente pensar sem recorrer a palavras ou a números e você entenderá um pouco mais sobre a Ordem do Simbólico. Claro que a elaboração de modelos teóricos pode lançar mão de gráficos, tabelas, infográficos, mapas e diagramas (que são imagens), mas no cerne do pensamento estará sempre a palavra. Não há escapatória. A reflexão que floresce para além do visível só pode ser estruturada por meio das palavras. Pensar, não duvide nunca disso, é falar sem emitir som algum. Pensar é uma operação mental que se situa na Ordem do Simbólico. Acima disso, porém, acima do pensar, a Ordem do Simbólico se encarrega da função de ordenar os termos da convivência em sociedade.

Um dos maiores gargalos do nosso tempo reside nisto: a nova conformação da comunicação social, apaixonadamente apoiada em visualidades as mais diversas, quase tem levado a habilidade da escrita à prateleira das inutilidades. Ora, uma civilização que lida mal com as palavras, lida mal com o pensamento, com as abstrações, com a razão e, no fim da linha, lida muito mal com a lei. Mas o problema não acaba aí. No vazio aberto pelo recuo das palavras – ou, poderíamos dizer, no vazio deixado pelo recuo do Simbólico – veio a expansão do império das imagens e do Imaginário, que vive de ofertar prazeres fáceis e comercializáveis. A pornografia industrializada é um sintoma dessa expansão. Embora seja moralmente condenada por tantos moralistas como sendo a causa do adoecimento da civilização, a pornografia industrializada não é causa de coisa alguma – é apenas uma das muitas consequências do avanço do Imaginário sobre o Simbólico. Quando algumas vozes conservadoras reclamam da lassidão nos costumes, estão reclamando desse avanço, embora não o localizem.

Publicidade e divertimento de um lado, Justiça e jornalismo do outro

Eis, então, que a palavra tende a prestar vassalagem à dominação exercida pelas imagens. A palavra se vê relegada a linha auxiliar. Na melhor das hipóteses, sublinha os imperativos da imagem. Podemos notar com mais nitidez esse fenômeno na publicidade e no entretenimento, ambos altares de cintilações libidinais e libidinosas. Você não venderia uma camisa ou um frasco de desodorante se não dispusesse de (1) imagens sensuais para fisgar o desejo do consumidor e (2) uma cola de identificação para juntar essa imagem à mercadoria que pretende vender.

Sem imagens e sem sedução, o entretenimento e a publicidade não renderiam um níquel. A propaganda política, a propaganda religiosa e as declarações humanitárias dos astros da cultura pop trafegam por aí como operações imaginárias. Em larga medida, também os protestos de rua contra o racismo trafegam como operações imaginárias, e nessa condição atraem as câmeras de televisão.

O que isso significa? Será que o Imaginário passou a monopolizar as possibilidades da linguagem e da representação? Em certo sentido, é isso mesmo: a resposta é "sim". Lembremo-nos de Guy Debord e sua "sociedade do espetáculo". Para ele, as imagens fazem hoje a mediação de todas as relações sociais. "Tudo o que era vivido diretamente tornou-se uma representação".[101] Mas a resposta também é "não". Nem tudo sucumbiu ao Imaginário e seu apetite totalizante.

O mundo jurídico é o melhor exemplo: não foi encampado totalmente pelo Imaginário. Nos tribunais e nas cortes de Justiça, o peso da imagem é secundário; quem manda é a palavra. No mundo jurídico, em lugar da colagem de um ícone (um amuleto, uma figura, um nome, um logotipo, uma marca) a um sentido presente, quem dirige a representação é o signo abstrato. A lei e a Justiça são o altar em que vige "a razão sem paixão", como percebeu Aristóteles.

Se não fosse assim, seria impossível formular e aprovar a lei; seria impossível aplicá-la no mundo real. Você não conseguiria condenar um assassino à prisão se não houvesse (1) a lei escrita em palavras descrevendo, de modo impessoal e preciso, o tipo penal do homicídio e (2) o exame criterioso dos fatos demonstrando que o ato do réu se enquadra no parâmetro estabelecido pelo tipo penal, consubstanciando, portanto, a prática o crime. Sem palavras e, mais ainda, sem a *autoridade* das palavras, a lei não pararia de pé e não teria aplicabilidade. Não surpreende, pois, que a Justiça duvide das imagens. Não há de ser por acaso que a deusa Têmis tem os olhos vendados.

Além do universo do direito, a segunda exceção às regras gerais do Imaginário é o jornalismo. Dizer isso, no entanto, exige de nós um longo rol de ressalvas. Citemos somente duas delas, para ilustrar as demais: o sensacionalismo e o "celebridadismo" não podem ser considerados jornalismo para efeito do raciocínio desenvolvido aqui. O motivo é elementar: o sensacionalismo, assim como aquele dito jornalismo com foco na *dolce vita* das celebridades, funciona como um serviçal deslumbrado do império das imagens, impulsionado pelo

---

[101] Debord, 1997, p. 13.

objetivo mercantil de explorar sensações. O sensacionalismo e o "celebridadismo" são inteiramente regidos pelas operações de significação e de identificação características do Imaginário.

Jornalismo é outra coisa. Quando afirmamos que ele se distingue da regra geral do império das imagens, devemos nos referir a um jornalismo adstrito ao papel de informar a sociedade com vistas a fiscalizar o poder, atividade crítica que requer método racional e sobriedade de estilo. Apenas excepcionalmente o jornalismo dirigido para e pelas palavras se rende às imagens, uma vez que, para fiscalizar e conseguir denunciar os abusos do poder, engendra um discurso que dialoga permanentemente com o plano dos direitos e com as categorias jurídicas, inclusive aquelas que vertebram todo o corpo da Administração Pública. Esse jornalismo, embora muitas vezes ancorado em empresas pertencentes à indústria do entretenimento, finca raízes, como discurso, no domínio do Simbólico: dialoga com o pensamento, com as abstrações conceituais e com a lei (não apenas em seu sentido jurídico, mas também no sentido dos costumes).

A partir dessa constatação, é possível admitir que o jornalismo se situa como uma ilha no meio do mar imenso do entretenimento. Logo, o jornalismo é uma exceção dentro da indústria da comunicação.

Um discurso autônomo

Alguns falam que o jornalismo encarregado de fiscalizar o poder se traduziria em uma "narrativa". O termo traz certos embaraços, mas pode ser aceito, uma vez que os repórteres contam histórias. Uma edição de jornal ou de telejornal são enredos entrecortados que, colados uns aos outros, apresentam uma visão dos acontecimentos e das ideias com começo, meio e fim, mesmo que num encadeamento precário e improvisado. Não obstante, prefiro chamar o jornalismo não de narrativa, mas de discurso autônomo. Esse discurso concentra em si um modo especializado (método e procedimentos) de narrar e valorar (eticamente) os fatos e seus desdobramentos. Visto assim, o discurso jornalístico é uma operação linguística inscrita na Ordem do Simbólico, flertando, aqui e ali, com a Ordem do Imaginário. A imagem é quem presta seu serviço à palavra, não o contrário.

O ofício cotidiano dos jornalistas consiste em observar, apurar, relatar e comentar o que se passa no mundo, com ênfase sobre as relações de poder, a partir de uma perspectiva crítica, independente e apartidária. Como essa atividade, desempenhada pelas redações profissionais, registra os primeiros rascunhos da *verdade factual* com vistas a exercer a fiscalização diuturna do poder, a imagem só pode atuar como extensão das palavras.[102] Não se pode negligenciar o fato de que o jornalismo só se organiza a partir de estruturas lógicas tecidas por palavras, pelo texto, pelas definições abstratas e por uma sintaxe complexa, que não cabe na imagem (ao menos, não cabe inteiramente). Tudo o que o jornalismo consegue mostrar – e ele tem o dever de mostrar muita coisa – é necessariamente um prolongamento de tudo o que ele tem a missão de pensar e, por extensão, enunciar. No método jornalístico, a imagem só é requisitada quanto tem sentido textual, informativo e objetivo – não meramente estético, catártico ou mimético. Em resumo, no método do jornalismo, a imagem assume o relato para *narrar*, *descrever* e *criticar* por meio de figuras. Operação simbólica, mais que imaginária.

Voltemos agora à visão que pudemos ter de George Floyd com o pescoço comprimido por aquele joelho fardado. Sabemos que o vídeo não foi gravado por um repórter ou um cinegrafista profissional. Quem fez o flagrante com o celular foi Darnella Frazier, uma adolescente negra de 17 anos de

---

[102] A expressão *verdade factual* é aqui empregada no sentido que lhe dá Hannah Arendt. Ver: Bucci, 2019.

idade, que não tinha cargo nenhum em redação nenhuma.[103] Aquela cena logo ingressou nos circuitos das redes sociais que integram a indústria do imaginário, mas, desde o início também tomou lugar nos fluxos informativos que lidam com a verdade factual. Foi matéria bruta para as pautas jornalísticas nos órgãos de imprensa de qualidade notória. Foi, portanto, pelo idioma do jornalismo, essa ilha do Simbólico cercada de Imaginário por todos os lados, que aquele vídeo entrou em circulação com indiscutível valor testemunhal.

O vídeo não era uma fraude, não era *fake*, não era montagem maliciosa: era genuíno e tinha lastro documental. E quem lhe conferiu autoridade e confiabilidade não foi a indústria da diversão, mas exatamente o "discurso autônomo" do jornalismo, que o tomou como fragmento do Real digno de crédito. Mais uma vez: uma operação cristalinamente vinculada à Ordem do Simbólico.

Um crime na Instância da Imagem ao Vivo

Como a cobertura foi postada nas redes de modo quase instantâneo, tenho elementos para afirmar que o assassinato de George Floyd aconteceu no que tenho chamado de "Instância da Imagem ao Vivo". Embora o momento preciso da morte tenha vindo quando a vítima era transportada dentro de ambulância, ou algo assim, longe das lentes dos celulares das testemunhas, o crime que resultou na morte foi praticado na Instância da Imagem ao Vivo. Floyd foi assassinado na Instância da Imagem ao Vivo e nessa instância ficou sendo assassinado, em gerúndio, ao longo das semanas seguintes.

---

[103] Ver: Fernandez, Celia. "If it wasn't for me 4 cops would've still had their jobs": Teen who recorded George Floyd's arrest defends herself against online backlash. *Business Insider,* May 30, 2020. Disponível em: tinyurl.com/2rtnaryh. Ver, ainda: Benício, Jeff. Garota que gravou vídeo de violência paga o preço da fama. *Terra,* 30 maio 2025. Disponível em: tinyurl.com/4nkvrvjz. Acessos em: 12 maio 2025.

Como expliquei no livro *A Superindústria do Imaginário: como o capital transformou o olhar em trabalho e se apropriou de tudo o que é visível*, a imagem ao vivo pode ser entendida como um *flash*, uma transmissão, uma cena que se acende e se apaga num intervalo limitado, mas a Instância da Imagem ao Vivo é contínua, não se apaga nunca.[104] A instância permanece, inalterada, como se fosse uma rede sempre acesa, um telão envolvendo o planeta.

Puxe pela memória e tente se recordar das telas em que você viu e reviu muitas vezes a agressão sofrida por George Floyd e você terá uma visão, ainda que tênue, desse imenso plano maleável que é a Instância da Imagem ao Vivo. É verdade que, nessa dimensão, ou nesse grande telão multifacetado em bilhões e bilhões de telinhas, as imagens imperam e fluem sem a prevalência das palavras. Elas, as imagens, explodem como fogos de artifício e prolongam sua apoteose indefinidamente, a ponto de se desmembrarem da própria razão. É assim o tempo todo no Imaginário mediado e confeccionado pelas telas eletrônicas – mas, atenção, não é assim no jornalismo. Nos domínios da imprensa profissional, aquela que verifica a verdade dos fatos e critica o poder, em constante diálogo com os direitos do cidadão e do público, a imagem é parte da história que vem sendo contada com palavras. Não há dúvida de que o vídeo de George Floyd navegou solto pelos mares do Imaginário, onde o entretenimento se mistura com a realidade sensível ou com o modo como sentimos a realidade e seus efeitos, mas, em boa medida, quem lhe conferiu a autoridade de documento confiável foi o jornalismo, aquele mesmo jornalismo que pertence à Ordem do Simbólico.

Retomo agora a pergunta que deu início a este capítulo: as jornadas antirracistas que eclodiram no final de maio de 2020 tiveram a força que tiveram porque houve um assassinato

---

[104] Bucci, 2021.

covarde de um homem negro (desarmado, algemado, deitado no asfalto) por um policial branco ou porque esse assassinato covarde foi registrado por um celular num vídeo que correu o mundo inteiro na velocidade da luz? Agora, também, retomo a resposta mais perturbadora que dei lá no início: a força das manifestações decorreu mais da imagem que do fato.

A visão em *close* daquele homem sendo assassinado por uma técnica de sufocação imprimiu uma energia insubstituível aos protestos antirracistas. Ela é forte por ser uma imagem, isso já podemos dar por certo. Mas ela é ainda mais forte por ser uma imagem que dá sentido e significação a uma história vivida por seres humanos, quer dizer, ela é forte porque tinha em si o lastro da prova documental chocante em sua verdade incontestável. Ela emocionava o espectador.

Mas – e aí entra a força do relato factual – a emoção sozinha não bastaria. O entretenimento emociona seus fregueses o tempo todo, mas, neste caso, ao menos desta vez, o que moveu os protestos foi a história jornalística que veio junto com o vídeo chocante, e essa história foi narrada por palavras.

Por isso, aquele fato tão carregado de sensações traumáticas circulou também e principalmente como relato credível e, acima da emoção, conseguiu tanger a razão de um mundo cada vez mais desconectado da razão. A imagem do assassinato ajudou o público a compreender uma história que não era acessível aos olhos, pois existia além do alcance deles, mas era (e precisava ser) acessível à razão. Nesse sentido, a garota que filmou aquele horror prestou um serviço à imprensa – e a imprensa prestou um serviço a todos os que ficaram horrorizados com aquela cena.

Quem relatou tudo aquilo, a quente, no calor da hora, foi o jornalismo, que tem a capacidade de tecer o Simbólico. Nessa dimensão, uma imagem *não* vale mais que mil palavras, nunca. A imagem só desliza como desliza no idioma do jornalismo – mesmo na televisão, mesmo nas infografias mais criativas – porque aí cumpre a função de dar mais alcance à palavra e à razão. O vídeo que documentou o assassinato desvelou, por trás do fato tangível do homicídio, o fato oculto, acessível apenas à razão, do racismo que se move pelas engrenagens do poder. O vídeo ajudou o jornalismo a mostrar que aquele assassinato não era produto do descuido individual de um agente da lei, mas um sistema inteiro em andamento. O vídeo, ao registrar uma cena de abuso do poder, mostrou o poder como forma de abuso.

Dar a ver sem dar para respirar

Na linguagem, as palavras vivem de sintetizar as imagens. Escrever – gosta de lembrar Humberto Werneck, citando João Cabral de Melo Neto, que adaptava Paul Éluard – é "dar a ver com palavras".[105] Aí estão as figuras de linguagem, como as metáforas, que nos fazem ver o que não víamos. Nisso reside, aliás, parte do prazer de ler (que é um prazer cujo objeto se sintetiza no Imaginário, é sempre bom assinalar; o Simbólico não tem parte com prazeres assim – e talvez nem assado).

No mais, não é difícil atestar que certas palavras agem na nossa imaginação como se fossem imagens. *"I can't breathe"*, por exemplo. Por que ficou tão forte essa frase de George Floyd, asfixiado pelo joelho do policial? Em boa parte, porque, nessa expressão, temos uma imagem, ou uma metáfora, dos nossos dias de aflição e agonia. Quando as agruras são pesadas, a gente se sente sem fôlego. Frei Betto, no artigo "Não consigo respirar neste Brasil (des)governando", na *Folha de S.Paulo*, viu no apelo de George Floyd a descrição do sufoco dos brasileiros sob a sanha autoritária de Jair Bolsonaro.[106]

---

[105] Werneck, Humberto. O papa do papo. *O Estado de S. Paulo*, 21 nov. 2017. Disponível em: tinyurl.com/4hwszx38. Acesso em: 12 maio 2025.

[106] Frei Betto. Não consigo respirar neste país (des)governado. *Folha de S.Paulo*, 6 jun. 2020. Disponível em: tinyurl.com/3xuaawzy. Acessado em: 12 maio 2025.

A força das palavras finais daquele cidadão imobilizado contra o asfalto vem disso: elas expressam o que sentimos o tempo todo e, por isso, é como se retratassem – feito uma fotografia – o sentimento que nos aprisiona. No Brasil ou em qualquer outro país, muita gente não consegue mais respirar com o joelho do capital lhe pesando no pescoço. Outras gentes perdem o ar sob o joelho de tiranias. Há também os asfixiados pela infelicidade, pelo desamparo, pelo desamor, assim como há o sufoco da fome e o estrangulamento existencial. E, além disso, talvez muito pior do que isso, tivemos aquela pandemia pavorosa em que os seres humanos não conseguiam respirar e morriam de síndrome respiratória aguda grave.

A imagem falada por Floyd teve também o sentido de acusar o nosso sofrimento na pandemia. Os pacientes da covid-19 morriam e ainda morrem por não poder respirar. Naqueles dias, num comentário de WhatsApp, um dos mais sensíveis observadores da cena urbana, meu irmão Angelo Bucci, arquiteto, professor da FAU-USP e do MIT, escreveu:

> Eugênio, não te parece incrível que enquanto centenas de milhares de pessoas estão doentes de um vírus que não nos deixa respirar, outras dezenas de milhares estão nas ruas com cartazes *I can't breathe?*

No *Jornal Nacional,* a "Mídia Ninja" vira um gênero de cobertura

Em 2020, vimos nas telas eletrônicas as passeatas do "Black Lives Matter", o movimento que surgiu em reação ao homicídio em Minneapolis, eclodindo nas cidades dos Estados Unidos. Com destaque, tomamos contato com aqueles protestos pelo *Jornal Nacional,* da Globo.

A cobertura dos protestos me lembrou a Mídia Ninja. Já digo por quê. A Mídia Ninja, você talvez já saiba, era um coletivo de repórteres criado pelo jornalista Bruno Torturra, que fez história com sua página no Facebook durante as jornadas de junho de 2013. Os ativistas desse coletivo, também chamados de "os ninjas", cobriam as manifestações de rua ao vivo, pelas redes sociais. Levavam seus equipamentos em mochilas e, às vezes, em carrinhos de supermercado, para mostrar tudo o que acontecia naquelas marchas – e tudo do lado de dentro.[107]

A palavra "ninja" também funcionava como imagem. No plano das letras, do escrito, do texto, "ninja" seria apenas o acrônimo resultante das iniciais do nome oficial do grupo, que era um nome-manifesto: "Narrativas Independentes, Jornalismo e Ação". Mas, além do texto, abria-se um feixe meio caleidoscópico de sentidos possíveis. A logomarca da "Mídia Ninja" era dúbia: um rosto mascarado (em alto contraste), com olhos amendoados, meio femininos, que encaravam o espectador em suave ameaça. A figura tinha toques de delicadeza e violência, combinando candura e lutas marciais. Fora isso, a palavra "ninja" soava também meio travessa, parecia uma paródia do título dos filmes cômicos infanto-juvenis da série *As tartarugas ninja*. Mas os integrantes da Mídia Ninja falavam sério, não estavam para brincadeira.

Nos idos de 2013, a máscara da figura símbolo da Mídia Ninja também tinha outro sentido: evocava o movimento Black Bloc. Os "ninjas" entravam em ação como atores numa intervenção estética, numa instalação relâmpago – eles eram uma trupe de jornalismo performático e participante, cobrindo as passeatas e participando das passeatas. Eram declaradamente a favor das manifestações. A condição de "engajados"

---

[107] Este trecho do capítulo, nesta e nas próximas páginas, reproduz observações que fiz em um livro que escrevi sobre as jornadas de 2013: *A forma bruta dos protestos: das manifestações de junho de 2013 à queda de Dilma Rousseff em 2016*. São Paulo: Companhia das Letras, 2016.

os favorecia. Menos por serem jornalistas e mais por serem parte dos protestos, tinham passagem livre em todas as frentes. As massas exaltadas acolhiam e saudavam aqueles jovens que estavam lá para noticiar e para apoiar.

Levemos em conta que o ambiente das jornadas de junho de 2013 não era amistoso. As mesmas concentrações humanas que abraçavam os "ninjas" tratavam com hostilidade outros repórteres – os da Globo em especial. Para qualquer jornalista que não fosse um "ninja", entrar com uma câmera dentro daqueles rios humanos implicava riscos. Por isso, o *Jornal Nacional* tinha limitações concretas que o impediam de registrar o movimento. Seus cinegrafistas só conseguiam captar imagens do alto, com equipamentos instalados em helicópteros. Outras emissoras enfrentavam as mesmas dificuldades. Era mesmo uma dificuldade. Só quem tinha boas cenas do que estava rolando nas ruas era a Mídia Ninja, que acabou açambarcando um monopólio na função de filmar os protestos pelo lado de dentro. Logo, só restava às emissoras convencionais de TV reproduzir as imagens geradas pelos ninjas. Uma grande ironia.

No mês seguinte, em julho de 2013, o material captado pelo "coletivo" alternativo brilhava sem rivais nas edições mais nervosas do *Jornal Nacional*. Sobrevinha disso um atrito entre "signagens", uma dissintonia plástica. O andamento das cenas ninjas, com solavancos, correrias e agitações rueiras, contrastavam ruidosamente com o padrão do *Jornal Nacional*. Havia naquelas tomadas algo de cine-olho, um quê de uma-câmera--na-mão-e-uma-bomba-de-gás-lacrimogêneo-na-cabeça, que irrompia como fratura no plano calmo da gramática do noticiário. Mesmo assim, apesar da aspereza, o efeito discursivo favorecia a credibilidade do programa global, que saía ainda mais atraente e confiável. Ali estavam flagrantes verdadeiros, informativos e, mais ainda, *objetivos*, por mais que os ninjas fossem um grupo mais ou menos comprometido com o fato que cobriam.

Sete anos depois, em maio e junho de 2020, os registros das passeatas em Nova York, em Washington, em Minneapolis e outras cidades dos Estados Unidos reabilitaram a mesma estética – só que, desta vez, sem a trupe do Mídia Ninja. O telespectador, mesmo que nem pensasse nisso (e não pensava mesmo), deixava-se envolver pela sensação de que os ninjas tinham voltado a trabalhar para a Globo.

Como acontecia em 2013, as imagens dos protestos americanos de 2020, exibidas no *Jornal Nacional*, eram captadas por câmeras que passeavam lado a lado com os manifestantes. Além disso, os repórteres da Globo, nos protestos de 2020 nos Estados Unidos, se vestiam com trajes que lembravam os dos ninjas em 2013: também carregavam mochilas e também se misturavam às jornadas seguindo o *dress code* dos demais. Em ruas estadunidenses, como diriam os ninjas de 2013, os repórteres da Globo eram ninjas de 2020, assim como foi ninja a adolescente negra que registrou no celular o assassinato de George Floyd.

Nos Estados Unidos, a Globo não representava nada muito odiado pelas pessoas que gritavam "*I can't breathe*". Lá, os símbolos do sistema eram outros. A CNN teve a sua sede em Atlanta, no estado da Georgia, depredada pela massa no dia 29 de maio de 2020.[108] O logotipo da rede jornalística, moldado em letras monumentais, com cerca de cinco metros de altura, fincadas na porta igualmente monumental do edifício, foi pichado. Sinais de repulsa como esse se espalharam em várias partes do país. Mas, lá, a Globo passou ilesa e cobriu os levantes populares pelo lado de dentro, de perto, muito de perto.

---

[108] Sede da CNN é depredada por manifestantes e tudo é mostrado ao vivo; não sobrou quase nada. 1News, 3 jun. 2020. Disponível em: tinyurl.com/jaswcvcm. Ver também: Benício, Jeff. CNN exibe ao vivo depredação de sua sede em protesto racial. Terra, 30 maio 2025. Disponível em: tinyurl.com/5axp37eh. Acessos em: 12 maio 2025.

Mais do que de perto, cobriu bem. Seus repórteres, feito ninjas, se moviam no interior das jornadas com familiaridade, com empatia e com desenvoltura. Eles também eram claramente contra o racismo. Tinham um lado – o lado dos manifestantes.

Conclusão telegráfica

Os fatos gritam por meio de imagens, e as imagens, mediadas pela razão e pela palavra, na contramão do sensacionalismo e do entretenimento, podem ser portadoras de um discurso autônomo, o discurso do jornalismo. Fiquemos atentos. O ano de 2020 nos ensinou que, para derrotar o fascismo e o racismo, tanto no Brasil como nos Estados Unidos, teremos de ter olhos para as imagens dissidentes, assim como teremos de ter capacidade de dialogar com aqueles que, apesar de suas estranhezas e contradições internas, pertencem ao campo democrático e não querem que as autocracias estabeleçam a matriz de convivência no futuro. Onde houver espaço para a razão, para o pensamento e para a palavra, haverá uma chance para a democracia.

Capítulo 5
Por uma biblioteca de recolhimento e encontro[109]

Nós, que gostamos da companhia dos livros e do ambiente das bibliotecas, aprendemos desde sempre que essas duas entidades grandiosas, os livros e as bibliotecas, geram boas mudanças no mundo. Há razões de sobra para acreditarmos nisso. Eu gostaria de salientar aqui apenas as razões históricas.

As bibliotecas, pensadas como instituições públicas, porque abertas ao público, e universais, porque acolhem todos os saberes sem restrições, são uma invenção do Iluminismo. A Revolução Francesa e a Revolução Americana enfeixaram o "Big Bang" iluminista, uma espécie de explosão inaugural de luz que ativou ondas poderosas que nos alcançam ainda hoje. Vêm de lá ideias como a imprensa, o projeto da educação universal, o liberalismo e, mais tarde, a democracia. Os filósofos do século XVIII estavam certos de que as luzes da Razão se difundiriam por meio dos jornais, das escolas e das bibliotecas, levando os cidadãos à verdade e ao progresso. Para pensadores franceses como Mirabeau, um jornalista revolucionário, e Malesherbes,

---

[109] Este texto foi originalmente apresentado como palestra no encontro da Federação Internacional de Associações e Instituições Bibliotecárias (IFLA), no dia 11 de março de 2019, em Brasília, com o título "Biblioteca e verdade factual em tempos de *fake news*. Por uma biblioteca que, além da tecnologia, seja lugar de encontro e lugar de recolhimento". O encontro da IFLA em Brasília, naquele ano, teve como tema geral "Bibliotecas: diálogo para mudanças (o papel das bibliotecas como promotoras de mudanças)".

um bibliotecário mais conservador, a opinião pública revelava ou produzia a verdade e esta, por sua vez, produziria a felicidade do povo e de cada um. Para eles, os livros, os jornais e as bibliotecas precipitariam a grande mudança histórica.

É para mim evidente que uma biblioteca preparada para atuar na transformação do mundo – a qual, para os iluministas, passava pela emancipação dos cidadãos – deve reunir dois atributos aparentemente discrepantes mas, na verdade, complementares. O primeiro atributo é a capacidade de propiciar ao visitante as condições do recolhimento, postura necessária para o pensamento. A biblioteca deve ser o local perfeito para o isolamento individual que favorece a produção intelectual. Seu frequentador precisa encontrar, dentro dela, o silêncio indispensável para refletir com calma, para alcançar de algum modo o estado contemplativo, essa predisposição do espírito para lidar com as ideias e a beleza.

O segundo atributo tem a ver com os encontros. Muito mais que um depósito de acervos impressos, sonoros e visuais, a biblioteca deve concentrar uma vocação de centro cultural, ou, mais ainda, um centro cultural expandido, um espaço que seja também voltado para fora, pronto para agir sobre seu entorno e sobre a sociedade. Sem prejuízo de seu compromisso com propiciar condições para o recolhimento, ela precisa conectar espíritos inquietos e convidá-los a se descobrir como interlocutores que se atraem porque diferem. A boa biblioteca sedia encontros intelectuais, afetivos e políticos.

O primeiro atributo, o do recolhimento individual, parece negar o outro, que promove encontros. Mas não. Como eu disse, ambos se completam. No fundo, um é o contraponto necessário para que o outro se realize. Somente pessoas que procuram se conhecer a si mesmas estão prontas para descobrir o maravilhamento da diferença que há no outro. Só quem procura se conhecer, em recolhimento, amadurece para conhecer o outro, no encontro.

Hoje, porém, sentimos um esvaziamento desse potencial transformador. É verdade que no mundo todo existem bibliotecas exuberantes, que convidam à meditação e à leitura silenciosa, assim como convidam à agitação cultural. O mal-estar a que me refiro, porém, não está nesses espaços já consagrados e, de resto, muito conhecidos. A crise que se instalou entre nós feriu principalmente o conceito. Nós nos tornamos uma sociedade que não sabe mais pensar a biblioteca. Se, nas revoluções iluministas, o papel transformador das letras se afirmava como autoevidente, agora esse mesmo papel transformador se dissolveu, dando lugar a um travo de impotência.

Em parte, essa sensação se origina do triunfo da técnica sobre as faculdades do espírito, disseminando entre nós o fetiche das tecnologias digitais. O senso comum dos nossos dias acredita que a biblioteca física se tornou supérflua e que, agora, todos os catálogos e toda a indexação de acervos de todas as bibliotecas do mundo cabem dentro de um *smartphone*. Isso é parte do problema.

Claro que as tecnologias digitais realizam operações que trazem vantagens inúmeras no trato com a informação. Elas representam um advento positivo em todos os sentidos. No entanto, o desprestígio da biblioteca como centro de cultura físico e, para usar o palavrão da moda, presencial, talvez nos soe como um efeito adverso. Esse ponto merece atenção. O mesmo fetiche da tecnologia que faz a instalação física da biblioteca parecer um tanto supérfluo vem ocasionando o embrutecimento da política e o descrédito da própria democracia. É por aí que o Google se projeta como o bibliotecário monopolista global. É por aí, também, que o recolhimento da inteligência criadora e o encontro entre imaginações diferentes ganham o aspecto de diletantismo tolo.

Algoritmos a serviço do poder e do capital governam o fluxo de dados. Quem precisa de bibliotecas atuantes e livres?

Dizem que vivemos tempos de "pós-verdade" e de *fake news*. Embora as duas expressões sejam problemáticas, terrivelmente problemáticas, elas sinalizam um diagnóstico bastante válido. Sim, vivemos tempos de "pós-verdade" e de *"fake news"*.

Façamos uma breve recapitulação. O termo "pós-verdade" teria sido criado por um blogueiro, David Roberts, no dia 1º de abril de 2010, para designar uma cultura na qual a política se desconectou das políticas públicas.[110] Isso significa que, em lugar de debater problemas reais e buscar soluções racionais para eles, com base na análise de fatos, a política se reduziu ao seu lado mais teatral, mais espetacular e mais emocional. Alijada da razão do espírito e dos registros factuais, a política tenderia a se resumir a processos catárticos e a disputas que se encenam O termo como *reality shows*. O termo "pós-verdade" foi parar na capa da revista *The Economist*, em 2016,[111] e acabou sendo eleito, no mesmo ano, como a palavra do ano pelo *Oxford Dictionary*.

Na era da pós-verdade, os sentimentos de ódio e medo (fobias sociais) se afirmam como vetor dominante na manipulação das massas. Robôs e algoritmos concebidos para

---

[110] Trecho de David Roberts no original: "*We live in post-truth politics: a political culture in which politics (public opinion and media narratives) have become almost entirely disconnected from policy (the substance of legislation). This obviously dims any hope of reasoned legislative compromise. But in another way, it can be seen as liberating. If the political damage of maximal Republican opposition is a fixed quantity – if policy is orthogonal to politics – then there is little point to policy compromises. They do not appreciably change the politics*" (Roberts, David. Post-truth politics. Grist, 01 abr. 2010. Disponível em: tinyurl.com/m3dedsyf. Acesso em: 13 maio 2025).

[111] A chamada de capa da edição do semanário inglês *The Economist*, em sua edição de 10 de setembro de 2016 foi: "A arte da mentira: a política da pós-verdade na era das redes sociais".

fomentar esses sentimentos forjam maiorias fabricadas industrialmente e difundem mentiras e preconceitos que adulteram os mecanismos decisórios da democracia. É assim que o enfraquecimento da credibilidade da política, da democracia e da imprensa coincide com a sensação de que as bibliotecas públicas não têm mais razão para existir.

Por certo, o termo "pós-verdade" não carrega a intenção de nos induzir a crer que, até o século XX, a verdade na política era suprema, dominante e respeitada. A política sempre mentiu – como sabemos muito bem. A política mentiu, sobretudo, em nome da verdade absoluta. Os totalitarismos do século XX se impuseram em nome de verdades supostamente inquestionáveis.[112] Quando falamos em pós-verdade, portanto, não mobilizamos nenhuma nostalgia de verdades eternas ou sacrossantas, mas apenas denunciamos o descaso com a verdade factual. O que faz falta à política e à democracia, nos tempos da pós-verdade, não é o banimento dos mentirosos. Pretender algo desse tipo seria apenas uma forma de demência. O que nos faz falta, em tempos de pós-verdade, é algo mais simples e mais factível: o registro racional da verdade empírica dos fatos. Nada mais que isso. Logo, podemos definir a era da pós-verdade como aquela em que a simples verdade dos fatos deixou de ter peso na vida política.

◆

---

[112] Não por acaso, desde o início do século XX, os melhores órgãos de imprensa dos países democráticos não mais levavam adiante a promessa vã de entregar aos seus leitores "a verdade". Em 1922, um jovem jornalista americano alertou que a função dos jornais não era entregar a verdade em troca de cinco ou seis *pennies*, mas apenas noticiar os acontecimentos: "a função da notícia é sinalizar um evento". Lippmann, Walter. *Public Opinion*. New York: Free Press, 1997. p. 226, tradução nossa.

A noção de "pós-verdade" nos leva a pensar exatamente sobre isto: esse rebaixamento transforma todo o sistema político numa impostura, numa fraude que concorre, no limite, para inviabilizar a própria democracia. A razão disso é elementar: se não temos mais como conhecer e avaliar os fatos, coletivamente, não temos mais como sustentar a política democrática. Aí, só o que resta é a mistificação, numa ordem que não apenas não estimula como interdita o pensamento, o juízo crítico e, claro, o recolhimento intelectual e o encontro com o outro, o encontro que tem potencial de mudar o mundo.

Em 2017, a Federação Internacional de Associações e Instituições Bibliotecárias (IFLA) passou a orientar seus integrantes a combater a propagação das *fake news*.[113] A providência veio a tempo. A IFLA distribuiu um cartaz em linguagem infográfica, dirigido a bibliotecários e, principalmente, aos frequentadores das bibliotecas, em diversos idiomas, com orientações sintéticas que previnem contra as notícias fraudulentas.[114] Um tema de destaque da campanha foi o da responsabilidade, ao menos parcial, que o bibliotecário é

---

[113] Real Solutions to Fake News: How Libraries Help. *International Federation of Library Associations and Institutions* (*IFLA*), 20 ago. 2017. Disponível em: https://www.ifla.org/node/11584. Acesso em: 13 maio 2025.

[114] São eles: (1) Verificar a fonte (ou checar a credibilidade do site que divulga a notícia); (2) ler mais a respeito antes de compartilhar (ou procurar confirmar por outros sites e outras publicações); (3) comprovar a autenticidade e a seriedade do autor do relato ou da imagem; (4) ver se o conteúdo traz links de apoio que comprovam a história; (5) ter o cuidado de se certificar se a data da publicação não é antiga (se aquela narrativa ou aquela imagem não se refere a outro período); (6) assegurar-se de que não se trata de uma paródia, uma piada ou uma produção humorística que as pessoas possam estar levando a sério por engano; (7) avaliar se não são seus próprios preconceitos que o estimulam a acreditar no conteúdo sem necessidade

chamado a assumir pela qualidade da informação contida em seus acervos.

Sobre isso, vale consultarmos o Código de Ética e Deontologia do Bibliotecário Brasileiro, na versão publicada em novembro de 2018.[115] No artigo 5º, que dispõe sobre os deveres do bibliotecário, a alínea "a" manda "preservar o cunho liberal e humanista de sua profissão, fundamentado na liberdade da investigação científica e na dignidade da pessoa humana". Consequentemente, o artigo 6º, parágrafo 3º, alínea "d", chama o bibliotecário a "assumir responsabilidades pelas informações fornecidas".

O conjunto normativo do Código se estrutura a partir do entendimento de que a profissão é de "natureza sociocultural" (artigo 2º), uma vez que incide, em uma face, na sociedade e, em outra, na cultura. O artigo 4º é bastante claro quanto a isso: "O objeto de trabalho do bibliotecário é a informação, artefato cultural aqui conceituado como conhecimento estruturado sob as formas escrita, oral, gestual, audiovisual e digital, por meio da articulação de linguagens natural e/ou artificial".

Com isso em mente, poderíamos então propor uma síntese. Se a biblioteca deve, mais do que nunca, revalorizar seu papel histórico de promover mudanças de fundo humanista, ela precisa cultivar, também mais do que nunca, seus dois atributos esquecidos. De um lado, deve dedicar-se mais a propiciar o recolhimento individual e a concentração

---

de maiores comprovações; (8) na dúvida, consulte o bibliotecário ou algum especialista no assunto.

[115] Conselho Federal de Biblioteconomia. *Resolução CFB n.º 207/2018*. Aprova o Código de Ética e Deontologia do Bibliotecário brasileiro, que fixa as normas orientadoras de conduta no exercício de suas atividades profissionais. Brasília, 07 nov. 2018. Disponível em: tinyurl.com/5n7ewkdr. Acesso em: 13 maio 2025.

contemplativa. De outro lado, deve se fortalecer como lugar de encontro – e todo encontro tem uma face política.

Há duas dimensões humanas que as tiranias do fetiche tecnológico querem banir do nosso horizonte. Em primeiro lugar, a dimensão do autoconhecimento, da consciência individual, do recolhimento e do silêncio. Conhecer a si mesmo é ser livre – e os ídolos da era da pós-verdade não toleram esse tipo de liberdade. Por isso, não nos dão um minuto de sossego.

Em segundo lugar, a ordem dos fetiches tecnológicos não tolera que as pessoas se encontrem e se associem para agir politicamente de forma também livre. Aliás, não se surpreendam se, ao analisar as características dessa era da pós-verdade e seus fetiches todos, vocês encontrarem dentro dela elementos nítidos do fascismo. Em certo sentido, é disso mesmo que se trata.

Não deixa de ser fascinante constatar que, para combater esses dois interditos, poucas instituições podem ser tão essenciais como as bibliotecas públicas.

Capítulo 6

Inteligência artificial, paz e democracia: esse encontro é possível?[116]

Temos visto, a todo momento, celebrações de muitas cores para festejar as potencialidades da inteligência artificial. Não rejeito nenhuma dessas potencialidades – ou quase nenhuma. Mas me parece, contudo, que devemos prestar mais atenção, e dedicar mais empenho, à crítica desse novo vertedouro da técnica e da razão desumana. Há desdobramentos mais do que preocupantes em curso. As funcionalidades ditas inteligentes – embora não pensantes, não no sentido de que um ser humano é um ser pensante, ou poderia ser – já lograram um feito que atordoa: fizeram da máquina um sujeito de linguagem. Não tratemos como trivialidade o advento da máquina que conversa com a gente.

Mesmo sem sentir emoções, artefatos de silício vêm avançando sobre os terrenos da convivência entre nós, os seres emotivos, mais que racionais. Sem se emocionar com nada, a IA, como a chamam, aprendeu a nos identificar pelo que sentimos. Sabe nos categorizar, nos classificar e, mais ainda, sabe nos interpelar justamente pelos nossos padecimentos e pelas nossas alegrias. Para usar aqui o verbo dileto dos engenheiros,

---

[116] Uma primeira versão deste ensaio foi publicada na *Revista Brasileira*, da Academia Brasileira de Letras, editada pela acadêmica Rosiska Darcy de Oliveira. Bucci, Eugênio. Inteligência artificial, paz e democracia: esse encontro é possível? *Revista Brasileira*, Fase X, v. 3, n. 20, p. 8-14, jul./ago./set. 2024.

sabe "interagir" conosco. Somos fluxos passionais mediados por máquinas, ou mesmo *governados* por processos maquínicos.

Sou leitor da coluna que a jornalista Dorrit Harazim assina n'*O Globo*. Seus temas ferem a alma. A leitura, porém, flui como se acompanhássemos as águas de um riacho manso, com uma distinção essencial: aqui estamos falando de um curso d'água que segue para cima, em desobediência à lei da gravidade, de tal maneira que a imaginação de quem lê ganha elevação e voa. Uma das mais perversas utilidades da IA eu conheci quando li a coluna que Dorrit escreveu em 14 de fevereiro de 2024, "O algoritmo da morte".

Deixar morrer

Como mencionei brevemente no Prefácio, a grande jornalista me deu a notícia de que a revista digital israelense *+972* (972 é o prefixo telefônico de Israel e Cisjordânia), de Tel Aviv, com palestinos e israelenses em sua redação, fez uma parceria com o site em hebraico *Sichá Mekomit* (que quer dizer "chamada local") para cobrir o emprego da inteligência artificial nos bombardeios de Israel, que, naqueles dias, estavam estilhaçando todos os edifícios na Faixa de Gaza. Um algoritmo de nome Lavender (Lavanda) exercia a função de elaborar a lista dos alvos humanos (os militantes do Hamas) a serem abatidos.[117] Outro sistema, denominado "Onde está papai", determinava a localização provável dos alvos no momento do ataque. Por vezes, as coordenadas computadorizadas apontavam para endereços onde crianças podiam estar presentes, além de adultos não

---

[117] Para quem quiser ver a matéria original: Abraham, Yuval. "Lavender": The AI machine directing Israel's bombing spree in Gaza. +972, Apr. 3, 2024. Disponível em: tinyurl.com/bdy5n6pb. Acesso em: 13 maio 2025.

ligados ao Hamas. O que fazer, então? Como separar culpados de inocentes?

Segundo as fontes das Forças de Defesa de Israel – ouvidas nas reportagens da *+972*, mas não nomeadas –, quase não havia tempo para que uma pessoa física verificasse todas as localidades prestes a virar cinzas. O sistema previa uma brevíssima filtragem humana, que não levaria mais do que 20 segundos. A possibilidade de baixas civis, portanto, resultava inevitável e, conforme a magnitude do alvo, os "danos colaterais" poderiam subir. Quando se tratava de um militante de relevância média, seriam admitidas 15 ou 20 vítimas extras. Se a patente do inimigo era mais alta, os parâmetros matematizados eram mais flexíveis. Um exemplo: para eliminar o comandante da Brigada Central de Gaza, Ayman Nofal, o comando militar de Israel teria contabilizado um total de 300 óbitos. A ação ocorreu no dia 17 de outubro de 2023, no Campo de Refugiados de Al Bureij, em Gaza. Foi uma "carnificina e tanto", nas palavras de Dorrit Harazim.

Depois da leitura, fiquei intrigado. Gerando diretrizes para o disparo dos mísseis, a IA tomava decisões automatizadas sobre a vida e a morte de gente que tinha vínculos com organizações classificadas como terroristas e, com a mesma celeridade, resolvia por extrapolação o destino de gente, em número bem maior, que podia não ter vínculo nenhum com terrorismo nenhum. A escolha sobre quem viveria e quem não viveria se resolvia num cálculo combinatório, processado por uma traquitana elétrica.

Era espantoso. Não importava o meu lado naquela guerra. Não fazia diferença se eu ou você apoiávamos ou não a solução dos dois Estados naquela região do Oriente Médio. Era irrelevante ver ou não ver legitimidade no sionismo. Isso não me parecia central. Só o que me tocou, quando li a coluna de Dorrit Harazim, foi saber que a cibernética já tinha assumido tarefas que embutiam julgamentos éticos definitivos – tão irrevogáveis quanto a morte. Só isso. Deu para entender?

Um tratado incerto

Pouco antes, jornais de vários países tinham noticiado que os Estados Unidos e a China abriram conversações em torno de um acordo bilateral sobre uso de inteligência artificial em situações de guerra.[118] O que teria motivado a iniciativa diplomática? A China teria incorporado recursos de inteligência artificial para gerenciar ogivas nucleares? Ou os Estados Unidos? Houve algum deslize? Teríamos passado perto de um acidente nuclear? Não temos a menor ideia. Não temos como saber. Só o que precisamos admitir é que os Estados Unidos e a China, comprovadamente, passaram a considerar a necessidade de costurar um entendimento prévio sobre essa, digamos, agenda explosiva.

Sem nenhum exagero, a IA pode ser tão perigosa quanto a energia nuclear. São muitos os sinais que nos levam à mesma conclusão. Em janeiro de 2024, ao elencar os riscos globais imediatos, o Fórum Econômico Mundial apontou a combinação entre "desinformação e informação falsa" como o primeiro deles.[119] De novo, a IA entrou em cena, pois vinha sendo usada para semear obscurantismo, preconceitos e ignorância. A desinformação, como sabemos bem, não é a guerra, apenas abre as comportas da guerra, açula as massas, derruba os padrões de respeito e de convivência pacífica. E a desinformação, mais do que a informação, é poder.

Quando instrumentalizadas por gente inescrupulosa, as plataformas sociais (ou antissociais, já disse Marcia Tiburi),

---

[118] No Brasil, a *Folha de S.Paulo*, entre outros periódicos, trouxe a notícia: Patrick, Igor. China e EUA discutem um potencial tratado de regulação sobre o uso militar de IA. *Folha de S.Paulo*, 14 maio 2024. Disponível em: tinyurl.com/3wrkazuj. Acesso em: 13 maio 2025.

[119] A nota do Fórum Econômico Mundial com o *Global Risks Report 2024* pode ser acessada em: tinyurl.com/2s383hb9.

esse posto avançado da experimentação com IA, disseminam desentendimento e conflagração. É verdade que a vigilância das instituições públicas melhorou o panorama geral, mas o risco está longe de ter sido superado. A tecnologia digital oferece riscos reais, como o de minar os alicerces do Estado Democrático de Direito. Isso mesmo: minar os alicerces do Estado Democrático de Direito. Não se trata de uma frase de efeito. Se a confiança na ordem pública de desfaz, como vem acontecendo, a democracia entra em fadiga de material. O Fórum Econômico Mundial tem razões para fazer os alertas que faz.

Ignorância artificial

A desinformação não é a mera ausência de informação. É uma obra de engenharia, uma construção a um tempo requintada e massuda. A escalada chegou a tal ponto que nos vemos forçados a mudar o que pensávamos sobre conceitos que pareciam imutáveis. A ignorância é um desses conceitos. Aquilo que chamávamos de *gnose* mudou de lugar. Uma nova modalidade de embrutecimento do espírito se estabeleceu. A ela podemos dar o nome de *ignorância artificial*.[120]

Para visualizá-la, comecemos por desmontar a ideia pronta com a qual definíamos o fenômeno ignorância. Esta não é mais um espaço vazio, um lugar macambúzio, desocupado, abandonado, ermo. Os ignorantes não são mais aqueles tipos de cabeça oca. Essas metáforas perderam a validade. As tecnologias da era digital desnaturaram a textura da ignorância, que não pode mais ser definida como o vazio. Hoje, ela é uma substância material, fabricada no âmbito das *big techs*, e deve

---

[120] Tratei desse tema num artigo de jornal: Sobre a ignorância artificial. *O Estado de S. Paulo*, 13 jun. 2024. Disponível em: tinyurl.com/yhpu3dtw. Acesso em: 13 maio 2025.

ser descrita não mais como o vácuo, mas como um abarrotamento – uma compactação de detritos sígnicos, repleta de fanatismos virtuais e moralismos torpes. Essa matéria tóxica enche cada centímetro cúbico das cabeças, que estariam bem melhor se prosseguissem ocas, simplesmente ocas. Se você quer um retrato da *ignorância artificial*, pense na Praça dos Três Poderes sendo depredada no dia 8 de janeiro de 2023.

Ao contrário do pensamento, que liberta e dá a ver, a *ignorância artificial* cega, ensurdece e aprisiona – não pelo que lhe falta, mas pelo que tem em excesso. Ela causa dependência química no hospedeiro e se tornou o maior o insumo das estratégias dos autocratas.

Para explicar melhor a nova conformação da ignorância, busco socorro no velho *Laques*, de Platão. O livro, um tratado sobre a coragem, tem ensinamentos ainda atuais sobre o que distingue o saber do não saber. O general Nícias fala da criança que, por desconhecer o perigo, age com aparente destemor. Então, ele se pergunta se essa criança poderá ser tomada como corajosa, e conclui pela negativa: a virtude da coragem requer consciência do risco. Para ser considerado corajoso, o sujeito precisa ter noção do perigo que corre quando investe contra um oponente. A ignorância não leva ao mérito.

Chego com isso ao ponto que interessa. Para Nícias, a estultice do ignaro e a inocência da criança teriam em comum a carência de saber. Em função da ausência que as define, ambas poderiam ser curadas à medida que se ministra no paciente o que lhe falta. Desse modo, tanto a inocência infantil quanto a estultice adulta poderiam ser curadas com os mesmos fármacos: educação, experiência e ética.

Não podemos dizer a mesma coisa sobre a *ignorância artificial*. Ela não pode ser curada pelo mesmo medicamento. Por sua natureza corpórea, amalgamada a partir de fragmentos de signos, aglomerados sob pressão, ela bloqueia todas as saídas e todas as entradas da máquina psíquica. O modo pelo qual ela se instala tem algo de análogo ao mecanismo das drogas que se apossam das sinapses. O sujeito fica impenetrável. O mundo real lhe é inacessível – e ele é inacessível para o mundo real. A partir daí, a presa da *ignorância artificial* se comporta como alguém em possessão, não mais como um agente político em liberdade. Seus nexos com a razão se perdem. Seus nexos com os fatos se perdem. Isso quer dizer que não se pode combater a ignorância artificial com a oferta de conhecimento didático, assim como não se cura a desinformação com doses suplementares de informação. O quadro é mais complexo do que supúnhamos.

As novas bibliotecas secretas

Um problema adicional precisa ser levado em conta: os laboratórios em que as ferramentas digitais são desenvolvidas estão fora do alcance do domínio político, ficam em lugares hermeticamente vedados, longe do escrutínio do poder público e do exame democrático, que não tem meios de inspecionar o poder tecnológico, já incomensurável. Na nossa era, quando as substâncias da técnica, do capital e da linguagem vão se fundindo numa liga sobre-humana, a política ficou a reboque.

O primeiro elemento a se ter presente é que esses laboratórios funcionam a salvo de qualquer fiscalização, dentro de conglomerados monopolistas globais, ou, como é mais comum dizer, dentro das *big techs*, cujos segredos industriais são mais bem guardados que segredos de Estado.[121] Quando vistas de longe, essas companhias têm a aparência de organismos que sobrevoam qualquer controle e se deslocam acima dos marcos legais, na velocidade da luz.

---

[121] Em outro artigo, explorei a questão: Bibliotecas secretas. *O Estado de S. Paulo*, 27 jun. 2024. Disponível em: tinyurl.com/yjf2arxx. Acesso em: 13 maio 2025.

Seu poder econômico e seu poder de influência, descomunais, já são conhecidos. No final de junho de 2024, circulou a notícia de que a Nvidia – que domina mais de 70% do mercado global de *chips* para inteligência artificial – conquistou a posição de empresa mais valiosa do mundo. Seu preço alcançava, naqueles dias, a marca de 3,33 trilhões de dólares, mas depois cairia. Em outubro de 2024, a Apple, a Microsoft, a Alphabet (dona do Google e do YouTube) e a Amazon, somadas, tinham um valor de mercado de 8,3 trilhões de dólares.[122]

O poder de influência é igual. Elon Musk, proprietário da Space X, da Tesla e do X (ex-Twitter), reúne em seu cortejo uma ruma de tietes da direita que o incensam como a um santo profeta. Em janeiro e fevereiro de 2025, Musk desfilava pelo mundo como o Rasputin de Donald Trump, presidente dos Estados Unidos, e engajava sua plataforma social, o X, no apoio de candidatos da extrema direita em diversos países. Durante a cerimônia de posse de Donald Trump na presidência, em 20 de janeiro de 2025, Elon Musk fez a saudação nazista, pelo menos duas vezes seguidas. No palco oficial, diante das câmeras do mundo todo, ele primeiro levou a mão direita ao coração e depois estendeu o braço, rijo, copiando meticulosamente um gesto histórico do próprio Adolf Hitler.[123]

Nas outras *big techs*, os sinais de prepotência se repetem. Em maio de 2023, a seção brasileira do Google, num lance de atrevimento inédito, estampou em sua página inicial um

---

[122] Ver: Apple (AAPL34), Nvidia (NVDC34) e cia.: Valor de mercado das big techs dos EUA equivale a 4 vezes o PIB brasileiro. *Money Times,* 11 out. 2024. Disponível em: tinyurl.com/yfr2r3vc. Acesso em: 13 maio 2025.

[123] Um gesto idêntico de Hitler foi recuperado em sites jornalísticos de vários países. No Brasil, pudemos vê-lo ao longo de uma entrevista do professor João Jung a Jésus Mosquéra, do SBT News: tinyurl.com/2uwmkncs. Acesso em: 13 maio 2025.

link para um artigo de propaganda contrária à aprovação do Projeto de Lei n.º 2630, o PL das Fake News, que seria votado naqueles dias na Câmara Federal. O projeto foi derrotado. O Google venceu. Um site de buscas, estrangeiro, conseguiu encabrestar a opinião pública brasileira. Uma investigação policial foi aberta. Quase um ano depois, no final de janeiro de 2024, a Polícia Federal enviou ao ministro Alexandre de Moraes, do Supremo Tribunal Federal, o relatório com suas conclusões: o Google incorreu em "abuso de poder econômico".

Não é só no Brasil. Os conglomerados da IA barbarizam em diversos países. Há uma única exceção, na verdade: a China. Em território chinês, eles adotam um comportamento subserviente. Fora de lá, onde quer que seja, tratam as tentativas de regulação com arrogância, com um ar de enfado superior. Olham para o Estado nacional de cima para baixo. Mas o poder econômico e o poder de influência política não são a maior dificuldade que trazem para as democracias. O poder da técnica que concentram é o ponto mais difícil de ser enfrentado, pois vai se acumulando a portas fechadas, blindadas. Aí está a maior ameaça.

Quando o desafio era regular o mercado de cimento, ou do minério de ferro, ou do petróleo, ou da telefonia, ou da aviação civil, o que quer que fosse, o Estado tinha informações sobre o saber desses setores. Tratava-se de regular o que era conhecido. Agora não é mais assim. As pesquisas sobre IA, trancafiadas, avançam num ritmo mais acentuado do que as conjecturas jurídicas que deveriam normatizá-las. O descompasso só faz aumentar. As gigantes digitais concentram em seus escaninhos um repertório de fórmulas e equações que premeditam sem freios a expansão da presença da máquina tornada sujeito de linguagem. Essa invenção tem uma estrada aberta pela frente e para o alto, sem pedágios nem postos de controle. Quem está no comando? Para onde isso vai?

Tamanho saber-poder, materializado – não custa repetir – numa liga que funde capital, técnica e linguagem, vai se consumando no interior de ambientes restritos, que eu poderia chamar de novas bibliotecas secretas. Nada a ver com aquelas bibliotecas secretas que atravessaram a Idade Média, instaladas em mosteiros e abadias, que não admitiam leitores de fora da Igreja Católica. Aquelas, tão bem retratadas por Umberto Eco em *O nome da rosa*, eram isoladas do mundo secular e guardavam os escritos antigos como um sigilo de ordem sobrenatural. As ideias de Platão e Aristóteles eram impedidas de entrar em contato com as pessoas comuns. Era assim e ponto. O interdito era a lei. Hoje, o que se passa com as novas bibliotecas secretas é diferente. Elas são laboratórios encerrados em *bunkers digitais* que já não precisam mais se preocupar em ocultar o passado: a sua missão é nos sonegar o futuro – o nosso futuro.

Uma pergunta. Ou duas

Quando as bibliotecas secretas trabalham a serviço da desinformação e da *ignorância artificial*, quem dará uma chance à democracia? Quando elas se acoplam a armas de guerra, ou, pior, quando elas são a própria arma de guerra, quem dará uma chance à paz? Para encontrar as respostas, precisaremos de pensamento, verdade factual e sensibilidade. Quem sabe, numa manhã de domingo, Dorrit Harazim venha nos ajudar.

Capítulo 7

O negócio da diversão toma o território da imprensa[124]

Em outubro de 2024, o Instituto Gallup, dos Estados Unidos, publicou mais uma de suas pesquisas sobre a credibilidade dos meios de comunicação na sociedade americana. Os resultados não foram bons: o prestígio da imprensa nunca esteve tão baixo. Apenas 31% das pessoas disseram ter confiança "grande" (*great deal*) ou "razoável" (*fair amount*) na maneira como jornais, televisão e rádio reportam os acontecimentos. É a pior marca já registrada em toda a série histórica.[125]

O êxodo do público é muito maior na direita que na esquerda. Entre os adeptos do Partido Republicano, hoje um reduto do trumpismo, somente 12% declararam confiar em órgãos de imprensa (eram 20% em 2018), contra 54% nas hostes do Partido Democrata (quase 80% em 2018). Até os anos 2000, não havia tanta distância entre um polo e outro:

---

[124] Em uma versão reduzida, este ensaio foi publicado na forma de artigo n'*O Estado de S. Paulo* em 26 de janeiro de 2024, p. C6-C7, com o título de "Do jornalismo ao entretenimento". O mesmo artigo saiu, na edição on-line do jornal, em 4 de janeiro, com o título "Sem jornalismo, mundo não tem democracia e, ironicamente, não tem liberalismo". Disponível em: tinyurl.com/yk24fr4v. Acesso em: 13 maio 2025.

[125] Ver a íntegra da pesquisa em: Brenan, Megan. Americans' Trust in Media Remais at Trend Low. *Gallup*, Oct. 14, 2024. Disponível em: tinyurl.com/uf4y2app. Acesso em: 13 maio 2025.

ambos se situavam no mesmo patamar, em torno dos 50%. Agora, o cenário é mais polarizado, mais cindido.

No Brasil, a paisagem é quase idêntica. As facções que cerraram fileiras com o bolsonarismo abominam os repórteres e seus periódicos. Seus porta-vozes ofendem sistematicamente os jornalistas – e *as* jornalistas, de preferência – com a mesma contundência que execram a ciência, caluniam a universidade, hostilizam as artes, insultam a justiça e, *last but not least*, elogiam os torturadores que exerceram o ofício durante a ditadura militar.

Em todos os continentes, aumentam as multidões que aderem à onda anti-imprensa, o que traz consequências diretas para o modo como a sociedade dos nossos dias entende – ou não entende – o mundo. As legiões que desprezam as redações profissionais não fazem mais distinção entre informação e propaganda, não têm a menor ideia do que separa o juízo de fato do juízo de valor e não dedicam nenhum respeito à verdade factual. Ao contrário: muitas vezes, preferem abertamente a mentira.

Olhando o panorama, a gente percebe que o esvaziamento da confiança na imprensa, detectado com precisão pelo Instituto Gallup, é apenas a ponta do *iceberg*. Por baixo, a situação é mais séria. Na superfície, vemos a debandada, que deixa os jornais falando sozinhos, ou falando para muito menos gente. Nas profundezas, funciona sem nenhuma restrição a fábrica de lorotas que fisgam o coração do povaréu inebriado. Em regime de trabalho escravo, milhões de voluntários, que não ganham um centavo por sua dedicação em tempo quase integral, espalham toda espécie de falsidades. Podemos comprovar o fenômeno diariamente no WhatsApp, especialmente nos grupos de família e de turmas de amigos, que se tornaram uma estratégia dos agentes da extrema direita. Os tios e as tias do Zap, embora pacóvios, não são inocentes inúteis – eles sabem muito bem o que fazem e o que desfazem e se entregam a essa indústria em jornadas sem descanso.

O exaurimento do leitorado do jornalismo, portanto, que parece um fenômeno passivo, resultado do mero esvaziamento, é na verdade um processo ativo, fabricado implacavelmente, com a ajuda dos anônimos. Como entender o cenário? Por que pessoas que até outro dia levavam uma vida pacata passaram a disseminar engambelações em período integral?

Em parte, as causas podem estar relacionadas à carência afetiva: quem posta sandices nas redes sociais suplica por afagos de meia dúzia de pares igualmente extremistas. De outra parte, é possível que a adesão à escalada desinformativa funcione como um jogo viciante, que gera dependência severa: os que se deixaram acometer dessa compulsão não conseguem parar e, para alimentar o vício, aceitam trabalhar de graça para as organizações antidemocráticas.

Está em marcha uma crise epistêmica. Os métodos de que dispúnhamos para produzir conhecimento sobre a realidade dão sinais de fadiga. A exacerbação dos ânimos em claques conflagradas, que partiu ao meio a sociedade dita ocidental, mina as formas abstratas pelas quais interpretávamos coletivamente o mundo. O estatuto da verdade factual, que já foi o alicerce do melhor jornalismo que tivemos, cai em descrédito.

Só assim podemos entender por que grupos que plantam seus pés sobre o mesmo pedaço de chão, dentro de um mesmo país, habitam mundos imaginários tão díspares. O diálogo racional sobre os fatos deixa de ser possível entre esses grupos. Pior: deixa de ser desejável. Quase ninguém mais quer saber de buscar termos de entendimento ou de convivência. Quase ninguém acha que precisa. E, se o diálogo racional já não tem serventia para fazer pontes entre as "bolhas", a imprensa não tem mesmo por onde escapar: é convidada a se retirar, como se fosse uma pregação anacrônica ou uma tecnologia ultrapassada, mais ou menos como a bússola e o astrolábio, que caíram em desuso depois da invenção do georreferenciamento via satélite.

As luzes esmaecidas deságuam no obscurantismo

Foi com as revoluções liberais do final do século XVIII que a imprensa entrou em cena. A ideia de que a sociedade precisaria contar com uma instituição não estatal para criticar publicamente o poder nasceu do liberalismo insurrecional, não nasceu da democracia. O substantivo "democracia" mal aparecia nos panfletos quando a liberdade de imprensa foi inventada.

Naquela fase, os redatores das folhas públicas eram ativistas. Eles não tinham a menor preocupação com objetividade, com reportagem precisa, com ouvir os dois lados de um debate. Suas finalidades eram conquistar a simpatia da incipiente opinião pública e pressionar o soberano. Ser jornalista era ser militante.

Foi só ao longo dos séculos XIX e XX que as duas práticas se diferenciaram. À medida que o ordenamento social se modificava e que as liberdades dos negociantes cediam espaço para os direitos dos que não eram donos de riquezas, as causas do liberalismo passaram a ter que levar em conta as demandas, agora sim, da democracia em construção. A liberdade de imprensa deixava de ser entendida como prerrogativa burguesa e passava a ser vista como um direito da sociedade inteira: o direito à informação. A instituição da imprensa, sem abdicar de seu espírito crítico de origem liberal, assumiu o tríplice encargo de (1) fiscalizar as autoridades, (2) informar a sociedade com independência e (3) mediar o debate público.

Na primeira metade do século XIX, as redações começaram a se profissionalizar. Os pesquisadores Michael Schudson e Leonard Downie Jr., no ensaio "The Reconstruction of American Journalism", publicado na *Columbia Journalism Review*, em 2009, anotaram que, nos Estados Unidos, somente por volta dos anos 1820 os diários começaram contratar profissionais regularmente remunerados.[126] Logo adiante, a notícia bem apurada virou mercadoria e, acima disso, um bem público. Foi então que as melhores redações, como a do *The New York Times*, sentiram a necessidade de separar o relato factual (o noticiário) da opinião (os editoriais). Militância e jornalismo se separaram.

No nosso país, o processo foi mais lento. Apenas no início do século XX o proprietário de *O Estado de S. Paulo*, Júlio Mesquita, num movimento pioneiro, retirou seu jornal da área de influência do Partido Republicano, ao qual sempre fora ligado, e fez dele um título independente, com diversidade de pontos de vista. O *Estado* se tornou o diário mais sólido, mais poderoso e mais próspero do Brasil, como narra o historiador Jorge Caldeira em *Júlio Mesquita e seu tempo* (editora Mameluco, 2015). O dono do *Estado* morreu, em 1927, aos 64 anos, como um empresário rico, invejado e temido, mais ou menos como William Randolph Hearst nos Estados Unidos, apesar das diferenças éticas e estilísticas que os distinguiam.

Nesse período, na Europa e nos Estados Unidos, os autores das páginas impressas já começavam a fazer o caminho de volta: saíam das redações para entrar na política. O próprio Hearst, que se elegeu deputado, concorreu à prefeitura e ao governo de Nova York na primeira década do século XX, mas fracassou. Em 1919, numa conferência famosa, "A política como vocação", proferida na Universidade de Munique, o sociólogo alemão Max Weber afirmou que o jornalista era o "demagogo" da modernidade. Weber não empregou a palavra "demagogo" no sentido pejorativo, mas para enfatizar que os expoentes da imprensa, como os oradores que discursavam na ágora na Grécia clássica,

---

[126] Downie Jr., Leonard; Schudson, Michael. The Reconstruction of American Journalism. *Columbia Journalism Review*, Oct. 19, 2009. Disponível em: tinyurl.com/2bmdm72p. Acesso em: 13 maio 2025.

dispunham dos meios para "conduzir" o povo pela palavra. Os jornais eram o centro da esfera pública, reinavam absolutos e passavam a fornecer quadros para a política.

Então, o negócio do entretenimento, nascido de uma costela dos diários, entrou na briga. A palavra impressa passou a enfrentar a concorrência da imagem e, logo em seguida, da imagem em movimento. Atores de cinema também tiveram a chance de se projetar como líderes potenciais, e alguns se deram muito bem. Ronald Reagan, Arnold Schwarzenegger e Donald Trump (protagonista do *reality O aprendiz*) que o digam.

Com o advento das tecnologias digitais, o entretenimento teve um impulso mais vigoroso. As redes sociais catapultaram comediantes à posição de chefes de Estado. As plataformas têm sido elogiadas porque turbinaram o fluxo de mensagens e ampliaram absurdamente as audiências, mas elas também trouxeram reveses. As inovações, atreladas à indústria do divertimento, aposentaram os relatos informativos confiáveis e anabolizaram atrações mais excitantes e menos confiáveis. Os formatos discursivos do *show business* contaminaram a linguagem da política de modo irreversível.

Dentro dessas turbulências, as empresas jornalísticas foram pegas no contrapé, sem saber como reagir. Na virada dos anos 1980 para os anos 1990, o jornalista Rodrigo Mesquita, diretor da Agência Estado, passou a integrar o MediaLab no MIT e alertou para a letargia das redações. Não foi ouvido.

O circo

O modo como os jornais foram atropelados pelas inovações digitais pode dar a impressão de que a derrocada foi, antes de tudo, um descompasso tecnológico e econômico, mas a história real não é bem essa. O maior impacto da internet e seus passatempos sobre a circulação das notícias bem apuradas e bem editadas não se deu no plano da tecnologia ou no plano da economia: ele se deu no plano da linguagem. A internet e suas técnicas modificaram a forma da comunicação social e permitiram que o aliciamento emocional, característico do entretenimento, se impusesse sobre o argumento racional, característico da imprensa. Isso desnutriu o jornalismo, desnaturou a política e abriu caminho para as multidões celeradas, as multidões escravizadas, que hoje se entregam a prazeres gozosos da difusão ativa da mentira.

O que se deu, a partir daí, foi uma grande mutação da linguagem, das formas de representação e do discurso. A vida cultural sofreu uma alteração drástica. Os apelos sensuais do entretenimento passaram a dominar a comunicação social. O pensamento, por sua vez, só conseguiu resistir, se é que foi capaz de resistir, em franjas exíguas. A imprensa encolheu. Abriu-se a crise epistêmica. A crise atual do jornalismo é inseparável da crise epistêmica, da expansão predatória do entretenimento, que redundou na crise agônica da política democrática.

Ninguém ignora que a disputa do poder sempre jogou com a dissimulação e com recursos cênicos. No nosso tempo, entretanto, não é mais a política que instrumentaliza o recurso cênico, mas o recurso cênico que se apossa da política até o ponto de desfigurá-la. A escala mudou a ordem dos fatores e desorganizou o equilíbrio entre eles. O efeito de circo e a dimensão teatral, que antes entravam na fórmula como um meio para amplificar a razão política, foram convertidos no veio dominante, no qual a retórica política se reduziu a um pálido papel de coadjuvante. O marqueteiro roubou o emprego do ideólogo.

Olhemos em volta. Quem é o narrador: o jornalismo ou a indústria da diversão? Quem é o comentador? Quem é o indutor? Quem dá o tom? A resposta é tão fácil quanto ácida. Quem traz as boas novas ou as más notícias é o entretenimento, que assumiu de vez o posto que antes cabia às manchetes. A linguagem do entretenimento modula as narrativas, rege o debate público, desnaturado em *reality show*, e subjuga as pobres vozes jornalísticas, às quais só resta a condição de sair por aí mendigando cliques.

Forma social da religião

Não é só. Com seus hábitos, a indústria do divertimento tem verdadeiros templos (como os estádios de *shows* e eventos esportivos, e, mais ainda, como os parques temáticos aos quais os turistas acorrem como peregrinos). O entretenimento, além de ter substituído muitas das funções da imprensa, confere a forma social da religião do nosso tempo.[127] Dizendo de outra forma, mas dizendo a mesma coisa: os ritos e as liturgias das religiões acabaram se entregando à linguagem das diversões públicas.

Por graça ou interesse, as igrejas se valem dos meios de comunicação para ganhar fiéis. Sabemos disso há coisa de cem anos. Foi nos Estados Unidos, pelas ondas do rádio, que a prática se tornou um expediente assíduo, ainda na primeira metade do século XX. Na década de 1960, os televangelistas, à imagem e semelhança de Billy Graham, cresceram e se multiplicaram em escalas sobrenaturais. O cristianismo de raízes protestantes e feições evangélicas se apossou de um filão inteiro das redes de TV, num empuxo que se replicou mundo afora. O linguajar plangente, a cenografia ambientada em vastos galpões, o figurino em traje passeio completo e a coreografia expressionista fincaram seus púlpitos em plagas longínquas – algumas verdadeiramente remotas, como as brasileiras.

Por aqui, quando baixa o horário nobre, pregadores oram e peroram em quase todos os canais abertos. Todas as religiões, ou virtualmente todas, requisitam os préstimos e os

---

[127] Utilizo aqui trechos do meu artigo: Bucci, Eugênio. O entretenimento como religião. *O Estado de S. Paulo*, 14 nov. 2024. Disponível em: tinyurl.com/yba3thr8. Acesso em: 13 maio 2025.

auxílios das tecnologias midiáticas em prol da fé. O divino é um campeão de audiência. O demônio também – depende do ponto de vista do freguês.

Mas disso tudo já sabemos, e não é de hoje. O que não sabemos e teimamos em não saber é que, no instante em que invocaram as energias gentis do entretenimento, as igrejas selaram um pacto, senão com o satanás em pessoa, com entidades que desconheciam e que podiam devorá-las por dentro. Tanto podiam que devoraram.

O resultado está aí, diante dos nossos olhos incrédulos. Não foi o espetáculo televisivo que atendeu com diligência às demandas das múltiplas profissões de fé: estas é que serviram, sem se dar conta, aos desígnios do espetáculo. Quem tomou vulto ao longo das décadas não foi a caridade, não foi o amor ao próximo, não foi o arrebatamento pio, não foi a fraternidade, não foi o retiro espiritual, não foi o voto de pobreza – foi, isto sim, o transe do *showbiz*, foi o êxtase das receitas publicitárias, foi o mercado do pastoreio galante e lucrativo.

Não importa o tema da programação, importa somente a forma da diversão catártica. A religiosidade está na forma, não no conteúdo. Você pode achar estamos em meio ao politeísmo pluralista de credos distintos que convivem entre si num ambiente ecumênico. Você pode acreditar que os megaeventos na cidade comprovam o que temos chamado de diversidade. Você pode até argumentar que a Marcha para Jesus lança mensagens opostas às da Parada Gay, e vice-versa. No entanto, por trás do aparente "multiculturalismo", imperam as leis ocultas do espetáculo, que a tudo igualam, padronizam e uniformizam. Olhe e comprove. Na sua forma, a Parada Gay e a Marcha para Jesus são, mais do que equivalentes, idênticas: ambas se espelham como gêmeas siamesas e simétricas. As duas, supondo tirar proveito das turbinas do entretenimento, ofertam a essas turbinas, em sacrifício, o combustível precioso das almas fervorosas e dos corpos ferventes.

O entretenimento é o altar dos altares: não é apenas uma ferramenta pronta para entregar as encomendas que lhe chegam das seitas. Toda espécie de religação – seja como vínculo identitário, seja como laço comunitário – só se realiza se passar pela mediação da malha comunicacional orientada para o mercado e apenas para o mercado. É como empresa privada que uma igreja se faz ativar pelos meios de comunicação.

As religiões não têm o poder de impor nenhuma liturgia às telas eletrônicas – estas é que plasmam sua liturgia vaga sobre o ser etéreo das religiões. Isso significa que, quando fala a língua do rádio, da TV ou da internet, uma agremiação mística se converte à cosmogonia barata do rádio, da televisão e da internet.

Fundamentalista, o entretenimento rege os seres humanos com a força de um monoteísmo sem deus. Mesmo quando não trata de santos ou de orixás, mesmo quando não fala sobre Jesus ou sobre Jeová, mesmo quando só se ocupa de mercadorias banais, de atrizes sorridentes, de cantoras estridentes e de jogadores de futebol delinquentes, o entretenimento impera com seus cânones draconianos (a sujeição à imagem, por exemplo), seus hábitos regulares (as togas dos ministros do STF são envergadas como se fossem a capa do Batman), seus ritos rígidos (os celulares de luzes acessas ondulando nos estádios) e seus códigos aparentemente profanos, mas dogmáticos (vigaristas formando um coraçãozinho com as duas mãos juntas).

O cardápio dos sentimentos foi consolidado pela indústria da diversão. Ela definiu o sentido do amor, da justiça, da beleza, da comiseração e do ódio. O sujeito que vê em Donald Trump um herói destemido projeta nele o que aprendeu nos filmes de Bruce Willis. Apenas isso.

A religião do entretenimento fez do público uma plateia insaciável, para a qual a democracia é só uma atração a mais. Não adianta pedir que a plateia pense sobre o que faz. Na doutrina que ela abraçou com devoção, o pensamento é o maior dos pecados mortais. Talvez seja o único.

Conclusão?

No bojo dessa hipertrofia histórica, o entretenimento engolfou a imprensa, roubando-lhe boa parte de suas funções. Mas, diferentemente do que a imprensa fazia, ele não fiscaliza o poder. Não precisa. Ele é o poder.

Conclusão? Ora, por favor. A conclusão inexiste. Uma sociedade que se nega a conhecer os fatos não é nada além de uma chusma que renuncia à textura da política e se rende ao transe de mercado. O que vem a seguir não é bem uma nova ordem, mas uma desordem obscura, sem paralelo com nada que já tenhamos visto. Um mundo sem jornalismo será um mundo sem democracia – e, ironia das ironias, será também um mundo sem liberalismo.

Referências

Abraham, Yuval. "Lavender": The AI machine directing Israel's bombing spree in Gaza. +972, Apr. 3, 2024. Disponível em: tinyurl.com/bdy5n6pb. Acesso em: 13 maio 2025.

Adorno, Theodor. W. A teoria freudiana e o padrão da propaganda fascista (1951). *Blog da Boitempo*, 25 out. 2018. Disponível em: tinyurl.com/3dpsf3dz. Acesso em: 10 maio 2025.

Ahrens, Jan Martínez. A chuva que matou Martin Luther King continua caindo sobre os EUA. El País, 4 abr. 2018. Disponível em: tinyurl.com/yahw8epv. Acesso em: 11 maio 2025.

Anders, Günther *Nós, filhos de Eichmann*. São Paulo: Elefante, 2023.

Apple (AAPL34), Nvidia (NVDC34) e cia.: Valor de mercado das big techs dos EUA equivale a 4 vezes o PIB brasileiro. *Money Times*, 11 out. 2024. Disponível em: tinyurl.com/yfr2r3vc. Acesso em: 13 maio 2025.

Arango, Tim. Violência contra George Floyd faz Los Angeles reviver caso Rodney King, espancado pela polícia. O Globo, 03 jun. 2020. Disponível em: tinyurl.com/4b6sutr8. Acesso em: 11 maio 2025.

Arendt, Hannah. *A vida do espírito*. Tradução de Augusto de Almeida, Antônio Abranches e Helena Martins. 11. ed. Rio de Janeiro: Civilização Brasileira, 2022 [1971]. v. 1: O pensar, p. 32. E-book.

Arendt, Hannah. Verdade e política. In: *Entre o passado e o futuro*. Tradução de Manuel Alberto. Lisboa: Relógio D'Água, 1995. Disponível na internet: https://abdet.com.br/site/wp-content/uploads/2014/11/Verdade-e-pol%C3%ADtica.pdf. Acesso em: 28 jun 2022. Eu mesmo me ocupo do assunto em *Existe democracia sem verdade factual?*, citado anteriormente.

Arruda, Maria Arminda do Nascimento. Golpe na cultura: intelectuais, universidade pública e contextos de crise no Brasil. Palestra realizada em seminário organizado pelo Grupo de Estudos de Sociologia da Cultura: Objetos e Perspectivas, em 9 de dezembro de 2016.

Art of the lie: Post truth politics in the age of social media. *The Economist*, capa, 10 set. 2016.

Barbosa, R. Bom senso acima de tudo. *O Estado de S. Paulo*, 26 maio 2020. Disponível em: tinyurl.com/2taxr7ff. Acesso em: 26 maio 2020.

Benício, Jeff. CNN exibe ao vivo depredação de sua sede em protesto racial. Terra, 30 maio 2025. Disponível em: tinyurl.com/5axp37eh. Acesso em: 12 maio 2025.

Benício, Jeff. Garota que gravou vídeo de violência paga o preço da fama. *Terra*, 30 maio 2025. Disponível em: tinyurl.com/4nkvrvjz. Acesso em: 12 maio 2025.

Brenan, Megan. Americans' Trust in Media Remais at Trend Low. *Gallup*, Oct. 14, 2024. Disponível em: tinyurl.com/uf4y2app. Acesso em: 13 maio 2025.

Bucci, Eugênio. A confusão que favorece a tirania. *O Estado de S. Paulo*, 24 mar. 2022. Disponível em: tinyurl.com/42vmv6ex. Acesso em: 10 maio 2025.

Bucci, Eugênio. *A forma bruta dos protestos: das manifestações de junho de 2013 à queda de Dilma Rousseff em 2016*. São Paulo: Companhia das Letras, 2016.

Bucci, Eugênio. *A Superindústria do Imaginário: como o capital transformou o olhar em trabalho e se apropriou de tudo que é visível*. Belo Horizonte: Autêntica, 2021.

Bucci, Eugênio. Bibliotecas secretas. *O Estado de S. Paulo*, 27 jun. 2024. Disponível em: tinyurl.com/yjf2arxx. Acesso em: 13 maio 2025.

Bucci, Eugenio. *Existe democracia sem verdade factual?* Barueri, SP: Estação das Letras e Cores, 2019.

Bucci, Eugênio. O entretenimento como religião. *O Estado de S. Paulo*, 14 nov. 2024. Disponível em: tinyurl.com/yba3thr8. Acesso em: 13 maio 2025.

Bucci, Eugênio. Sobre a ignorância artificial. *O Estado de S. Paulo*, 13 jun. 2024. Disponível em: tinyurl.com/yhpu3dtw. Acesso em: 13 maio 2025.

Canclini, Néstor García. *Consumidores e cidadãos, conflitos multiculturais da globalização*. Rio de Janeiro: Ed. UFRJ, 1995.

Capurro, Rafael; Hjorland, Birger. O conceito de informação. *Perspectivas em Ciência da Informação*, v. 12, n. 1, p. 148-207, jan./abr. 2007, p. 156. Tradução de Ana Maria Pereira Cardoso, Maria da Glória Achtschin e Marco Antônio de Azevedo..

Cardoso, Matêus Ramos. O desencantamento do mundo segundo Max Weber. *Revista EDUC*, Faculdade de Duque de Caxias, v. 1, n. 2, p. 106-119, jul./dez. 2014. Disponível em: tinyurl.com/munf8ab4. Acesso em: 09 maio 2025.

Coelho, Teixeira. *A cultura e seu contrário: cultura, arte e política pós-2001*. São Paulo: Iluminuras; Itaú Cultural, 2008. Ver especialmente as p. 117 e seguintes.

Conselho Federal de Biblioteconomia. *Resolução CFB n.º 207/2018*. Aprova o Código de Ética e Deontologia do Bibliotecário brasileiro, que fixa as normas orientadoras de conduta no exercício de suas atividades profissionais. Brasília, 07 nov. 2018. Disponível em: tinyurl.com/5n7ewkdr. Acesso em: 13 maio 2025.

Coronavírus deixa 4,5 bilhões de pessoas confinadas no mundo. *O Globo*, 17 abr. 2020. Disponível em: tinyurl.com/4m88nnmm. Acesso em: 08 maio 2025.

Cortiz, Diogo. Nunca dizem "não": namoradas criadas com IA viram febre, mas são um perigo. *Tilt*, 3 ago. 2023. Disponível em: tinyurl.com/mv2w868n. Acesso em: 05 maio 2025.

Das Goebbels-Experiment (2005, Alemanha/Reino Unido). Direção de Lutz Hachmeister. Roteiro de Lutz Hachmeister e Michael Kloft. Narração de Udo Samel (alemão) e Kenneth Branagh (inglês).

Debord, Guy. *A sociedade do espetáculo*. Tradução de Estela dos Santos Abreu. Rio de Janeiro: Contraponto, 1997. p. 25.

Debray, Régis. *Vida e morte da imagem*. Petrópolis: Vozes, 1993.

Downie Jr., Leonard; Schudson, Michael. The Reconstruction of American Journalism. *Columbia Journalism Review*, Oct. 19, 2009. Disponível em: tinyurl.com/2bmdm72p. Acesso em: 13 maio 2025.

Eco, Umberto. *O fascismo eterno*. 2. ed. Tradução de Eliana Aguiar. Rio de Janeiro: Record, 2019.

Empresário do interior de SP tira foto deitado em poltrona durante invasão à Praça dos Três Poderes: "Melhor que show de rock". G1, 10 jan. 2023. Disponível em: tinyurl.com/mamx9eku. Acesso em: 11 maio 2025.

Espinosa, Bento de. *Ética*. Tradução de Tomaz Tadeu. Belo Horizonte: Autêntica, 2009.

Esteves, Francisco de Assis. Coronavírus impõe guinada rumo à sustentabilidade. Conexão UFRJ, 29 abr. 2020. Disponível em: tinyurl.com/2v9rwprf. Acesso em: 06 maio 2025.

Fascinação. [S. l.: s. n.], 17 maio 2020. 1 vídeo (1 min.). Publicado pelo canal Bradesco Seguros. Disponível em: tinyurl.com/4nbfrat9. Acesso em: 06 maio 2025.

Fernandez, Celia. "If it wasn't for me 4 cops would've still had their jobs": Teen who recorded George Floyd's arrest defends herself against online backlash. *Business Insider,* May 30, 2020. Disponível em: https://tinyurl.com/2rtnaryh. Acesso em: 06 maio 2025.

Frei Betto. Não consigo respirar neste país (des)governado. *Folha de S.Paulo*, 6 jun. 2020. Disponível em: tinyurl.com/3xuaawzy. Acessado em: 12 maio 2025.

Freud, Sigmund. *Psicologia das massas e análise do eu e outros textos (1920-1923).* Tradução de Paulo César Souza. São Paulo: Companhia das Letras, 2011. (Obras Completas, v. 15). E-book.

Garaudy, Roger. *Rumo a uma guerra santa?* São Paulo: Zahar, 1995.

Habermas, Jürgen. *Between Facts and Norms*. Cambridge: MIT Press, 1992.

Habermas, Jürgen. *Teoria da ação comunicativa*. São Paulo: Unesp, 2022. 2 v.

Habermas, Jürgen. *Teoría de la acción comunicativa*. Madrid: Taurus, 1987. 2 v.

Harari, Yuval; Harris, Tristan; Raskin, Aza. O domínio da inteligência artificial sobre a linguagem é uma ameaça à civilização. *O Estado de S. Paulo*, 28 mar. 2023. Disponível em: tinyurl.com/5ceseyzj. Acesso em: 11 maio 2025.

Harari, Yuval; Harris, Tristan; Raskin, Aza. You Can Have the Blue Pill or the Red Pill, and We're Out of Blue Pills. *The New York Times*, 24 mar. 2023 Disponível em: tinyurl.com/kkns8zep. Acesso em 21 maio 20

Harazim, Dorrit. A era da inocência acabou? *O Globo*, 07 jun. 2020. Disponível em: tinyurl.com/3crpuy45. Acesso em: 11 maio 2025.

Harazim, Dorrit. Algoritmo da morte: IA gerou 36 mil alvos humanos a eliminar na Faixa de Gaza. *O Globo*, Rio de Janeiro, 14 abr. 2024. Disponível em: tinyurl.com/24je4uux. Acesso em: 05 maio 2025.

Hitler, Adolf. *Mein Kampf.* Edição em português, tradutor não informado. [S. l.]: [S. n.], [s. d.]. p. 170. Disponível em: https://tinyurl.com/2xhnvzvt.

Ideia sustentável. Itaú, Bradesco e Santander: juntos, anunciaram linha de crédito emergencial para micro, pequenas e médias empresas. 2020. Disponível em: tinyurl.com/5y7z5vzm. Acesso em 15 mai 2024.

Idoeta, Paula Adamo. Pandemia pode enfraquecer populismo nos EUA e no Brasil, diz pesquisador de democracias. BBC News Brasil, 12 abr. 2020. Disponível em: tinyurl.com/29hjsaku. Acesso em: 06 maio 2025.

Kehl, Maria Rita. Imaginar e pensar. In: Novaes, Adauto [Org.]. *Rede imaginária: televisão e democracia*. São Paulo: Companhia das Letras, 1991.

Lacan, Jacques. A instância da letra no inconsciente. In: *Escritos*. São Paulo: Perspectiva, 1996. p. 520.

Leswing, Kif. Apple becomes first U.S. company to reach $3 trillion market cap. CNBC, Jan. 3, 2022. Disponível em: tinyurl.com/4jb24k4n. Acesso em: 9 jun. 2022.

Lippmann, Walter. *Public Opinion*. New York: Free Press, 1997. p. 226, tradução nossa.

Mansur, Alexandre. Oito megatendências ecológicas para o mundo pós coronavírus. Exame, 1 abr. 2020. Disponível em: tinyurl.com/2ddmef4t. Acesso em: 06 maio 2025.

Marx, Karl. *Crítica da Filosofia do Direito de Hegel*. Disponível em: tinyurl.com/2k2kzzf3. Acesso em 26 maio 2025.

Marx, Karl. *Crítica da Filosofia do Direito de Hegel*. Tradução de Rubens Enderle e Leonardo de Deus. São Paulo: Boitempo, 2005.

Nascimento, Milton Meira do. *Opinião pública e revolução*. São Paulo: Edusp; Nova Stella, 1989. p. 61.

Novaes, Adauto. Mundos possíveis. *Artepensamento IMS*, "Mutações: o futuro não é mais o que era", 2013. Disponível em: tinyurl.com/yt2jf7u8. Acesso em: 08 maio 2025.

Oxford University Press. *Oxford Learner's Dictionaries*. [S.l.]: Oxford University Press, [2025]. Disponível em: https://www.oxfordlearnersdictionaries.com. Acesso em: 10 maio 2025.

Patrick, Igor. China e EUA discutem um potencial tratado de regulação sobre o uso militar de IA. *Folha de S.Paulo*, 14 maio 2024. Disponível em: tinyurl.com/3wrkazuj. Acesso em: 13 maio 2025.

Pierucci, Antônio Flávio. *O desencantamento do mundo: todos os passos do conceito em Max Weber*. São Paulo: Editora 34, 2003.

Pimenta, Angela. Claire Wardle: Combater a desinformação é como varrer as ruas. *Observatório da Imprensa*, 14 nov. 2017. Disponível em: tinyurl.com/5ys4d3tw. Acessos em: 10 maio 2025.

Real Solutions to Fake News: How Libraries Help. *International Federation of Library Associations and Institutions (IFLA)*, 20 ago. 2017. Disponível em: https://www.ifla.org/node/11584. Acesso em: 13 maio 2025.

Roberts, David. Post-truth politics. Grist, 01 abr. 2010. Disponível em: tinyurl.com/m3dedsyf. Acesso em: 13 maio 2025.

Rocha, João Cezar de Castro. *Da guerra cultural ao terrorismo doméstico: retórica do ódio e dissonância cognitiva coletiva*. Belo Horizonte: Autêntica, 2023.

Rocha, João Cezar de Castro. *Guerra cultural e retórica do ódio: crônicas de um Brasil pós-político*. Rio de Janeiro: Caminhos, 2021.

Salmon, Felix. Giant earnings growth for the world's largest companies. *Axios*, July 29, 2021. Disponível em: https://bit.ly/3AVNDeF. Acesso em: 30 set. 2021.

Santos, Hamilton. *O triunfo das paixões: David Hume e as artimanhas da natureza humana*. São Paulo: Iluminuras, 2023.

SBT News. *Saudação nazista? Professor analisa gesto de Musk na posse de Trump*. YouTube, 21 jan. 2025. Disponível em: tinyurl.com/2uwmkncs. Acesso em: 13 maio 2025.

Sede da CNN é depredada por manifestantes e tudo é mostrado ao vivo; não sobrou quase nada. 1News, 3 jun. 2020. Disponível em: https://tinyurl.com/jaswcvcm. Acesso em: 12 maio 2025.

Shannon, Claude E.; Weaver, Warren. *The Mathematical Theory of Communication*. Urbana: The University of Illinois Press, 1964.

Skorburg, Joshua August; Yam, Josephine. Is There an App for That?: Ethical Issues in the Digital Mental Health Response to COVID-19. *AJOB Neuroscience*, v. 13, n. 3, p. 177–190, jul./set. 2022. DOI: 10.1080/21507740.2021.1918284. Disponível em: tinyurl.com/msbcrpfp. Acesso em: 05 maio 2025.

Splash. Alckmin surpreende ao citar personagem de Karatê Kid em vídeo. *UOL*, São Paulo, 17 set. 2023. Disponível em: tinyurl.com/5xf9556p. Acesso em: 11 maio 2025.

Sullivan, Margaret. Russia's new control tactic is the one Hannah Arendt warned us about 50 years ago. *The Washington Post*, 11 mar. 2022. Disponível em: tinyurl.com/yducdu7x. Acesso em: 10 maio 2025.

Valéry, Paul. *La crise de l'esprit. La politique de l'esprit. Le bilan de l'intelligence*. Editions-AOJB. Edição Kindle.

Virilio, Paul. Imagem virtual mental e instrumental. In: Parente, André. (Org.). *Imagem-máquina: a era das tecnologias do virtual*. Rio de Janeiro: Editora 34, 1995.

Wallace-Wells, David. *A terra inabitável: uma história do futuro*. São Paulo: Companhia das Letras, 2019.

Wardle, Claire. Understanding Information Disorder. *First Draft*, Sept. 22, 2020. Disponível em: tinyurl.com/3w3zn4xw. Acesso em: 10 maio 2025

Weber, Max. *A ética protestante e o espírito do capitalismo*. Tradução de José Marcos Mariani de Macedo. São Paulo: Companhia das Letras, 2004.

Werneck, Humberto. O papa do papo. *O Estado de S. Paulo*, 21 nov. 2017. Disponível em: tinyurl.com/4hwszx38. Acesso em: 12 maio 2025.

Williams, Raymond. *Palavras-chave*. São Paulo: Boitempo, 2007.

Wurman, Richard Saul. *Ansiedade de informação: como transformar informação em compreensão*. São Paulo: Cultura, 1991.

Wurman, Richard Saul. *Information Anxiety*. New York: Doubleday, 1989.

Žižek, Slavoj. *Bem-vindo ao deserto do real!: cinco ensaios sobre o 11 de setembro e datas relacionadas*. Tradução de Paulo Cezar Castanheira. São Paulo: Boitempo, 2003.

Índice remissivo

+*972* 15, 118
4x4 72
6 de janeiro de 2021 85
8 de janeiro de 2023 85

abu Tayi, Auda 83
Adorno, Theodor 64, 76
Agência Estado 132
Al Bureij 119
Al Sharpton 92
álcool gel 30, 33
algoritmos 15
Alphabet 66
Amazon 66
Anders, Günther 12, 36
Apple 65, 124
aprendiz, O 132
Aquino, Tomás de 47
Arendt, Hannah 14, 17, 36, 50, 57
Aristóteles 41, 129
Arruda, Maria Arminda do Nascimento 71
Atlanta 107
autocracia 59

Bakhtin, Mikhail 21
Barbie 84
Batman 136
biblioteca 109
bibliotecas secretas 123, 126
big data 15, 39
big techs 66, 121
Black Bloc 105
bom selvagem 72
bonapartismo 60, 75
Bradesco 29

Brexit 52
Bucci, Angelo 104

Caldeira, Jorge 131
Canclini, Néstor García 79
capital 20, 126
capitalismo 43, 65
Capurro, Rafael 46
Chauvin, Derek 91
China 120
Ciência da Informação 46
Ciências da Comunicação 45
Cisjordânia 15, 118
civilização 32
civilização da imagem 94
civilização moderna 72
civilização ocidental 32
CNN 107
Código de Ética e Deontologia do Bibliotecário Brasileiro 115
Coelho, Teixeira 81
Columbia Journalism Review 130
consumidor 18, 72, 96
Copolla, Francis Ford 79
cosmos sangrento 12
covid-19 23, 25, 27, 28, 43, 91, 104
cultura 71
de Andrade, Carlos Drummond 36
de Moraes, Alexandre 125

Debord, Guy 22, 76, 96
Debray, Régis 93
deep learning 87
desejo 44, 96
desinformação 45
desinformação inculta 21

discurso 99, 108
Downie Jr., Leonard 130

Eco, Umberto 59, 126
Economist, The 52
Eichmann, Adolf 36
Eichmann, Klaus 36
Éluard, Paul 103
entretenimento 75, 91, 96, 132
Entzauberung 48
epidemia 25
Espinosa, Bento de 17, 63
espírito 34
espírito kantiano 39
Estado de S. Paulo, O 131
Estados Unidos 64, 85, 91, 104, 107, 120, 130
ética 17, 62, 122
exploração do olhar 66, 76
extrema direita 60, 85, 88, 124, 128

fact-checking 45
Faixa de Gaza 118
fake news 23, 53, 63, 112, 114, 125
fanatismo 57
fascismo 59, 108, 116
fascismo eterno 59
fatos 62, 68, 97, 108, 112
Faustino, Mário 12
Felicidade 41, 47, 71, 110
Floyd, George 23, 91
força de trabalho 43, 65, 76
Fórum Econômico Mundial 120
Francisco (Papa) 54
Frankenstein 35
Frazier, Darnella 99
Freud, Sigmund 63

Garaudy, Roger 79
General Electric 66
Georgia 107

Gerwig, Greta 84
Globo 104
Goebbels, Joseph 59, 62
Google 66, 111, 124
Graham, Billy 134
Guerra do Vietnã 93
Guerra nas estrelas 78

Habermas, Jürgen 14, 47
Hamas 118
Harari, Yuval 87
Harazim, Dorrit 15, 93, 118
Hearst, William Randolph 131
Heidegger, Martin 14
Hiroshima 86
Hitler, Adolf 62
Hjorland, Birger 46, 51
Holocausto 35
Homo faber 13
Homo sapiens 13, 33
Horkheimer, Max 22, 76
Hume, David 17

I can't breathe 91, 103, 107
IA *ver* inteligência artificial
IBM 40
IFLA 109, 114
ignorância artificial 121
Iluminismo 46, 109
iluministas 47
Imaginário 65, 75, 80, 94
imunidade de rebanho 42
infantilismo 75, 81
infantilização 82
informação 46, 48, 51
informação jornalística 47
Instagram 30
Instância da Imagem ao Vivo 44, 101
Instância da Palavra Impressa 44
Instituto Gallup 127

inteligência 34, 39
inteligência artificial 15, 33, 39, 49, 87, 117, 120, 124
inteligência artificial generativa 87
Israel 15, 118
Itaú 27

Jornal Nacional 104
jornalismo 91, 129, 133, 137
Justiça 97

Kant, Immanuel 38, 42
King, Rodney 92

Lacan, Jacques 38, 80
Laques 122
Lavender 118
Lawrence da Arábia 83
Lean, David 83
Liberdade 47
linguagem 86, 126

machine learning 15
Malesherbes 109
mão de obra escrava 68
Marcha para Jesus 135
Marx, Karl 41
McDonald's 86
MediaLab 132
Mesquita, Júlio 131
Mesquita, Rodrigo 132
Microsoft 66, 124
Mídia Ninja 104
Milanesi, Luiz 71
Minneapolis 91
Minnesota 91
Mirabeau (conde de) *ver* Riqueti, Honoré Gabriel
MIT 132
modernidade 86
Moisés 46

mundo jurídico 97
Musk, Elon 124

napalm 93
New York Times, The 54, 131
Nícias 122
Nofal, Ayman 119
nome da rosa, O 126
Novaes, Adauto 34, 39
Nvidia 124

O'Toole, Peter 83
Obama, Barack 54
off-road 72
olhar 44
OMS 26
Onde está papai 118
Ordem do Imaginário 94
Ordem do Simbólico 94
Oxford Dictionary 53

Parada Gay 135
Parmênides 36
Partido Democrata 127
Partido Republicano 127
pensamento 81
Platão 23, 122
poderoso chefão, O 79
política 56
política cultural 88
populismo fascistizante 26
pornografia 96
pós-verdade 52, 112
Projeto de Lei n.º 2630 125
propaganda 60
propaganda política 96
propaganda religiosa 97
quarentena 25

Quinn, Anthony 83

Rasputin 124
Razão 18, 62, 109
razão desumana 9, 17
razão divina 10
Reagan, Ronald 132
Real 100
reality show 134
Regina, Elis 29
Renascimento 46
Revolução Americana 109
Revolução Francesa 86, 109
Revolução Industrial 43
Riqueti, Honoré Gabriel 47, 109
Robbie, Margot 84
Roberts, David 112
Rousseau, Jean-Jacques 72

Santander, 27
Schudson, Michael 130
Schwarzenegger, Arnold 132
sensibilidade 11
Shannon Claude 48
Shelley, Mary 35
show business 132
showbiz 135
Sichá Mekomit 118
Simbólico 94
sociedade do espetáculo 76
Space X 124
Sullivan, Margaret 57
Superindústria do Imaginário 22, 62, 67, 101
Supremo Tribunal Federal 125

tartarugas ninja, As 105
técnica 13, 16, 126
Tel Aviv 118
telepresenças 44
telespaço público 44
teoria matemática da comunicação 49

Teoria Psicanalítica 94
Tertuliano 46
Tesla 124
Tiburi, Marcia 120
Torres Gêmeas 86
Torturra, Bruno 105
Trump, Donald 26, 52, 124, 132
trumpismo 75

uberização 33
ur-fascismo 59
USP 25
USP Pensa Brasil 74

vacina 30
Valéry, Paul 17, 32, 34
valor de gozo 44
Verdade 47
verdade factual 50, 129
Virgílio 46

Wardle Claire 54
Washington 107
Washington Post, The 57
Weaver, Warren 49
Weber, Max 14, 48, 80, 131
WhatsApp 128
Willis, Bruce 136
Wurman, Richard Saul 52

X (ex-Twitter) 124

Yoda 78

Este livro foi composto com tipografia Adobe Garamond Pro e
impresso em papel Off-White 80 g/m² na Formato Artes Gráficas.